# HISTORIAS GRACIOSAS QUE TE HARÁN Reír

## Mis Primeros Pasos
### Escrito en Lenguaje Pueblerino

AUTOR:
FRANKLIN IRIZARRY LUGO

Reservados todos los derechos. No se permite la reproducción total o parcial de esta obra, ni su incorporación a un sistema informático, ni su transmisión en cualquier forma o por cualquier medio (electrónico, mecánico, fotocopia, grabación u otros) sin autorización previa y por escrito de los titulares del copyright. La infracción de dichos derechos puede constituir un delito contra la propiedad intelectual.

El contenido de esta obra es responsabilidad del autor y no refleja necesariamente las opiniones de la casa editora. Todas las imágenes fueron proporcionadas por el autor, quien es la única responsable sobre los derechos de las mismas.

Publicado por Ibukku
**www.ibukku.com**
Diseño y maquetación: Índigo Estudio Gráfico
Dibujos a mano libre y edición: Franklin Irizarry Lugo
Diseño de portada: Natanael Padró Román - Artista gráfico
Copyright © 2020 Franklin Irizarry Lugo
ISBN Paperback: 978-1-64086-547-1
ISBN eBook: 978-1-64086-548-8

# ÍNDICE

| | |
|---|---|
| Breve crítica literaria | 7 |
| Prefacio | 9 |
| Presentación: Historias graciosas que te harán reír | 13 |
| Dedicatoria | 15 |
| Prólogo | 17 |
| Capítulo #1<br>La pobreza | 19 |
| Capítulo #2<br>La mala gata | 27 |
| Capítulo #3<br>El Coyuntero | 29 |
| Capítulo #4<br>Bola de candela | 33 |
| Capítulo #5<br>Palangana | 37 |
| Capítulo #6<br>La pijtolita de Tunko | 41 |
| Capítulo #7<br>El pejcador de careyes | 45 |
| Capítulo #8<br>El mijterio de la casa de piedras | 53 |
| Capítulo #9<br>El fantajma de Media Quijá | 57 |
| Capítulo #10<br>Etelna gratitú | 65 |
| Capítulo #11<br>La casa de doña Otilia | 79 |
| Capítulo #12<br>El milagro de una Enema | 83 |

Capitulo # 13
Piedras y ejcudos — 87

Capítulo #14
El chijpetazo de mi polla — 101

Capítulo #15
El cruel cajnicero — 109

Capítulo #16
El Eñangotao y su veldugo — 115

Capítulo #17
El bijturí del maejtro — 123

Capítulo #18
Un amigo inejperao — 129

Capítulo # 19
Hilo invisible — 135

Capítulo # 20
Los primeros terrícolas — 143

**Nota**: Cualquier frase o palabra que parezca un error … para el propósito de este libro … ¡es correcta!

# Breve crítica literaria

## Historias graciosas que te harán reír

Tengo en mis manos la obra primeriza del novel autor guayanillense, Sr. Franklin Irizarry Lugo, que ha sido bautizada por este, con el título de cabecera. Su temática de extensión y género literario, corresponden a la narrativa de cuentos (o historias reales) con forma y estilo representativo del lenguaje claro, transparente y sencillo para el lector apasionado.

En primera instancia el propio autor se convierte en el "protagonista estrella" de toda la obra. Desde su historia inicial hasta la última de este libro. Y por lo tanto sus emotivos y excitantes relatos al leerlos cobran vida, color, forma y movimiento. Lógicamente porque son historias realmente acontecidas con su vida, desde sus tempranos años de la niñez. Y posteriormente en su adolescencia y aún en su adultez.

El genio de su creatividad literaria es por demás de corte llano, preclaro y sencillamente humorístico. A todo lo ancho y largo de su narrativa viviente. Donde cautiva la atención el estilo muy particular de la relevancia literaria, del "lenguaje jíbaro" de corte costumbrista. Y su pronunciación fonética en determinados vocablos. Que otorgan gran colorido y realismo de época su narrativa histórica.

Ésta fue y aún sigue siendo un elemento distintivo dentro de la población, habitante de la "ruralía" isleña en tiempos de antaño. Esa era la expresión fonética original de nuestro campesino. Acortaba las palabras omitiendo letras finales. Intercambiaba unas letras por otras. Y alargaba su pronunciación fonética, con excitación marcada en determinadas ocasiones. Cosa que ha sido "intocable" e "irreemplazable" en esta obra por voluntad y derecho propio de su autor.

Cada cuento o historia aquí publicada conlleva una "sazón" … ¡muy especial! Particularmente y exclusiva en su trasfondo humorístico. Por lo tanto, no me compete señalar ninguna por selección. Pues será el verdadero lector quien juzgue las mismas, con su mejor entendimiento y criterio personal. Lo que sí realmente puedo anticipar, es que todos aquellos fieles lectores … ¡de cuentos excitantes! Disfrutarán con máximo deleite la "degustación" … ¡de cada una de estas!

Es mi deseo sincero felicitar alma adentro a nuestro autor guayanillense, Sr. Franklin Irizarry Lugo. Por este … ¡su primer parto literario! Publicado y lanzado en alas del Universo Cósmico. En vías de que enhorabuena … ¡sea bien acogido! Como parte importante en nuestra gran literatura … ¡de cuentos puertorriqueños!

Myrna Lluch<br>Escritora y artista caborrojeña.

# Prefacio

La vida humana es la verdadera historia. No obstante, en los sistemas de enseñanza tradicionales, la tendencia ha sido definir la historia de los pueblos o naciones. como la conquista de unos sobre los otros. De esa forma la historia como disciplina académica, resulta poco atractiva.

Con el pasar de los años ya en la vida adulta, se comienza a ver el pasado de otra manera. Cada cual identifica sus propias actuaciones particulares. Las valora como su propia realidad. Y las enmarca en los hechos históricos que les tocó vivir. Así se crea una nueva historia. Que es la vida propia de las personas.

"Historias graciosas que te harán reír", escrito en lenguaje pueblerino forma parte de esa historiografía. Es el recuento de las vivencias personales del Sr. Franklin Irizarry Lugo. atemperadas al entorno que le tocó vivir.

En este libro se aprecia la vida, en un pequeño pueblo de Puerto Rico, Guayanilla. Que muestra las relaciones familiares de la época. Educación, costumbres, oportunidades, anhelos y desencantos.

Es una narrativa sencilla, donde se utiliza la expresión del habla cotidiano. Que sustituye la "l" por"r", la j por la "s", la "b" por "g", la "j" por "h", la "bu" por "gü", e incluye una que otra "mala palabra". El autor alude a que este uso verbal del lenguaje, muestra la diosincrasia de los pueblos. Y muchas veces sustituye "la violencia física".

Libros como este indudablemente reflejan buena parte, de la historia puertorriqueña. Mis felicitaciones a su autor.

Dra. Naysa Rodríguez Deynes<br>
Historiadora

**Amigos lectores:**

Este libro es presentao, con toa la crudeza de los jechos ... ¡tal como sucedieron! No ha sio editao. De haber sío, lo hubiera mutilao. Y peldío la esencia, de su contenío. Como ya ... ¡una vez me sucedió! Ejpero ... ¡qué les gujte su lejtura! Y que se divieltan, con los acontecimientos. Tanto, como me divierto yo ... ¡cuándo figurando, que es otro el protagonijta! A cah rato lo releo ... ¡y me divielto! Y hajta me río solo. A riejgo de que me llamen ... ¡loco! Ja ja ja.

Cuando leas algún cuento o hijtoria de ejte libro ... ¡Si deseas jacer algún comentario! Lo pues jacer a mi Email: <u>franklinirizarrylugo@gmail.com</u> Muchas gracias ... ¡y qué lo dijfrutes!

# Presentación: Historias graciosas que te harán reír

La risa es saludable. Pensar en lo leío. ¡La emoción que produce! Los sentimientos que dejpielta. La tención, que a veces durante la lejtura ejperimentamos. ¡Los sobresaltos! La incredulidá de jechos … ¡qué sí ocurrieron! Pero que resultan tan irreales a nuejtra mente … ¡A nuejtra imaginación!

Son tantos … ¡los sentimientos cruzaos! Durante el desarrollo de ejtos jechos … ¡de la vida real! Presentaos en folma … ¡de cuentos chijtosos! Es como si transitaras … ¡por un mundo dejconocío! Lleno de aventuras y fantasías. ¡Abe Maríía, qué chuleríía!

Es un viaje muy diveltío. Hay hijtorias que una vez leías, nunca … ¡nunca más se te olvidarán! Te deseo pues, un placentero y muy diveltío viaje. Por ejta ruta que duró … ¡setenta años, en ser recorría! Y que tú si eres un tantito rápido/a, podrás recorrer … ¡en muy poco tiempo! Quizás … ¡unos cuántos días!

Toma nota, pah que al leer recueldes. Ejte libro no ejtá ejcrito … ¡en folma común y corriente! Como se ejcribe, la mayor palte de los libros … ¡qué se publican! Si noh en folma narrativa. Casi, casi … ¡cómo en velso y prosa! Y muchas veces, como si tú y yo ejtuviéramos platicando … ¡en folma poética!

Son por eso, los puntos sujpensivos, los sijnos de puntuación, el sintajsis … ¡y las muchas preguntas y comentarios! Dirigías a ti como lejtor. Sabiendo yo que al leer … ¡tan emocionantes episodios! Tú te sentirás, como palte integrante ... ¡junto a mí! En los episodios ... ¡de cada aventura! Vas a ver ... ¡Vas a ver qué vacilón! Con tan emocionantes aventuras. ¡Vas a ver! Güen viaje pues ... ¡y qué te divieltas!

Aaah y si por curiosidá ... ¡quisieras conocer! La veracidá de algunas de ejtas hijtorias. ¡Las sucedías aquí, en el barrio! Pues visitar esos lugares. Y preguntajle a los muchos vecinos ... ¡qué todavía sobreviven! Polque los de Nueva Jelsy, de Nueva Yolk, Carolina del Sur, Colorado, Califolnia ... ¡y Chicago! Mmmj. Ya de esos ... ¡muchos se murieron! O se jueron ... ¡pal carajo! Aaay bendiiito. Ja ja ja.

**Fin**

**Nota muy impoltante:** En las dijtintas hijtorias aquí presentás ... ¡notarás! Que hay varias palabras ... ¡disonantes! Y que algunas se repiten. Son lo que aquí en Puelto Rico, nolmalmente llamamos ... ¡malas palabras! Por favor ... ¡tengamos presente! Que éjta es ... ¡la veldadera folma de hablar! De nuejtro campesino. Y aún, de casi toa la población de Puelto Rico. Anuque muchos ... ¡pretendan ejcondejla! Como se ejconde una alfombra doblá ... ¡ebajo de la cama!

A causa, de la delicadeza emocional ... ¡de muchos lejtores! Les ofrejco de antemano ... ¡mis más ejpresivas dijculpas! Pues en él, yo quiero presentar los jechos . Con la crudeza ... ¡tal cómo sucedieron! Por tanto, una vez más les pido ... ¡mis más ejpresivas dijculpas!

Aaah, si deseas aprender a hablar ... ¡cómo nosotros! Lee cada hijtoria ... ¡en voz alta! Así irás prajticando. Y al telminar de leejlo ... ¡ya hablarás como nosotros! Y cuando te sea necesario, te pueas colar ... ¡cómo pueltorriqueño/a! Sí, polque uno nunca sabe ... ¡Qué nos depara el futuro!

# Dedicatoria

Con mucho amor y cariño, les quiero dedicar ejte libro. A las pelsonas, que más celca de mí … ¡en mis momentos de alegría o de aflijción, han ejtao! Son ellos y ellas: Mami, Sra. Elvira Lugo Rodríguez (Vidita). A mis hijos: Franklin Jr. (Frankie), Kayleen (Keyla) … y Karyleen (Kelly). A mis nietos: Franklin III, Wilson V, Ariana, Adalberto III (Third), Antonio M. (Tony), Alexánder (Alex) y a Abel. A mi bijnieto Damián M. Y a mi ejposa, Loida Rivera Quiñones.

A mis helmanos y helmanas: Efraín Jr. (Yunyo), Ángel Luis (Chacaty): helmano, amigo e inseparable compañero … ¡de incontables aventuras! Albert: Helmano e inseparable amigo y compañero … ¡en tiempo de ejelcicios físicos! Levantamiento de pesas, bojseo, lucha libre … ¡y otros deportes! Además … ¡de muchas locuras! Y ahora, en el ocaso de nuejtras vidas. Que nos pasamos por dijtintos lugares … ¡"kariokando"! Pah no olvidar … ¡nuejtras habilidades! Ni el recueldo … ¡de nuejtras aventuras! Noé (Noque), Julio (Yuly), Francisca (Panchita), Carmen Oneyda (Ony), Elvira (Kuky) y a Papi, Sr. Efraín Irizarry Vélez.

Aaah y una dedicación ejpecial pah Lory, mi sobrina. Y a tos … ¡mis futuros ajcendientes! Sean ejtos nietos, vijnietos, tataranietos, etc. De generación en generación … ¡hajta la etelnidá! Tos, a quienes les quiero dar las gracias. ¡Por los güenos y por los malos días! De nuejtra niñez y juventú. ¡Aún a aquellos! Que tuvieron la dicha … ¡de no haber nació! Ni encontralse … ¡con aquel trijte dejtino! Y por consiguiente, no ejtarían tan viejos … ¡cómo yo! Ja ja ja.

Aquella niñez y juventú, que direjta o indirejtamente ... ¡nos tocó vivir y compaltir! El dolor ... ¡qué injujtamente sufrimos! Las lágrimas, que por pura crueldá ... ¡derramamos! Y las trijtezas que sufrimos ... ¡aún en nuejtra vejez! Por la alegría y la risa. Que de algún modo aliviaron ... ¡esa trijteza! Esa angujtia ... ¡esa agonía! El dolor, el sufrimiento ... ¡y la alegría! Que en toh momento ... ¡compaltimos!

Ejpecialmente en el caso de Mami. ¡Y en el mío propio! Aún en nuejtra vejez. Ya sin otro remedio ... ¡solo nos queda, tratar de olvidar! Cosa que es ... ¡casi imposible! Polque muchas heridas ... ¡jueron tan profundas! Que son imposibles ... ¡de cicatrizar! Hay cosas que uno peldona. ¡Y quiere olvidar! Pero en agonía, a veces las pesadillas ... ¡nos jacen dejpeltar!

# Prólogo

Apreciaos lejtores, que se aprejtan a dijfrutar ... ¡del más pueblerino y emocionante libro! ¡Qué anque se ve grande! Es de pequeñas, medianas ... ¡y algunas un tantito más lalgas! Pero siempre, muy emocionantes hijtorias ... ¡y aventuras!

Por muchos años, yo he pojpuejto su publicación. Limitación de reculsos por un lao. Y los temas tratatos ... ¡por el otro! Quizás no era ... ¡el tiempo preciso! Pero ya, a mis setenta y cuatro años de edá, es ahora ... ¡o nunca será!

Pienso que ha llegao la hora ... ¡de ejponer mis ejperiencias! Ejperiencias güenas, no tan güenas ... ¡diveltías! Y en ocasiones ... ¡críticas! Y hajta parapelos. Yo ejtoy seguro que ujtedes, amables lejtores ... ¡vivirán muy emocionantes momentos! De seguro muy diferentes ... ¡a sus propias ejperiencias, ya vivías! Aunque muchas ... ¡algo parecías! Tan solo les recomiendo ... ¡bujquen un güen asiento! Coman y beban. Usen el baño ... ¡Y dejpójense de toh aquello! Que les pueda impoltunar ... ¡durante el tiempo de lejtura!

Pues, una vez que comiencen ... ¡Ya no desearán soltar el libro! Hajta que hayan leío ... ¡la última página! ¿Han leío alguna vez? El libro ... ¿"Las mil y una noches"? Pues esa mijma sensación les abrumará ... ¡al leer éjte! Dijfrútenlo. Y si les es provechoso ... ¡prajtiquen! Las enseñanzas positivas ... ¡Qué de su lejtura aprendan! De seguro vivirán una vida ... ¡más feliz y placentera!

Pues, qué se divieltan. Y ríanse. ¡Ríanse con ganas! Eso sí, tengan mucho ... ¡mucho cuidao! No sea ... ¡qué vayan a reventar! Como le pasó a la chicharra. Que de tanto reír ... ¡sin dar tiempo a naaah! Ejplotó ... ¡cómo un petaldo! Y sus cantitos los jueron a recoger .... Por toíto, toíto ... ¡toíto el barrio! Ja ja ja. Pues que tengan un feliz, gracioso, hijtórico ... ¡imaginario viaje!

Aaah y recuelden ... ¡qué toas ejtas hijtorias! Ejtán ejcritas ... ¡en lenguaje pueblerino! Y que son ... ¡una recopilación real y veldadera! De mis pasos ... ¡por éjte! Nuejtro único y querío ... ¡Planeta Tierra!

**Nota muy impoltante:** Ejte libro jue revisao, por dos "críticas" ... ¡muy profesinales! Queriendo yo mantener ... ¡la integridá total de su contenío! Y sabiendo que de ser editao ... ¡hubiera peldío! La esencia de mi pensamiento ... ¡Decidí publicajlo, tal como lo ejcribí! Por tal razón, ejsonero de toa rejponsabilidá ... ¡Por cualquier error u omisión! A los involucraos ... ¡si algunos! Asumiendo yo pelsonalmente ... ¡esa rejponsabilidá! Aaah y si dejcubren algunos errores ... ¡sigan leyendo! Y piensen: Jue un error de imprenta. ¡Y nah más! Pero siempre recuelden: El contenío es más impoltante ... ¡qué el continente! Ja ja ja.

# Capítulo #1
# La pobreza

## Acto I: Cultivo de la pobreza

¿Qué es la pobreza? ¿Será no tener chavos? Pah comprar lo necesario. Y poder vivir ... ¿una vida nolmal? O es ... ¡tener y malgajtar, en cosas triviales! Como lo son ... ¡el ron y las celvezas! Las parrandas, los amigos ... ¿y las borracheras? Sabiendo que en la casa ... ¿falta el pan de cada día?

Pah mí ... ¡no hay pobreza mayor! Que aquella sembrá y cultivá ... ¡con los vicios! Acompañá ... ¡con los malos amigos! Y con ellos el dejpilfarro ... ¡de los pocos chavos! Que se tiene. Y que muy pronto ... ¡se evaporan! Imagínate ... ¡Si una gran herencia! Mal usá ... ¡se acaba! Y el heredero, que quizás en su vida ... ¡nunca dio un solo tajo! En muy poco tiempo ... ¡se pela! ¿Qué le podrá pasar a uno? Que tras de ganar muy poco ..., ¿lo dejpilfarra?

Cuando yo nací, mis padres vivían ... ¡en la más cruel pobreza! Pero tos los vecinos ... ¡también eran pobres! Trabajaban, igual que Papi. Ganaban igual ... ¡o menos que Papi! Tenían un familión que mantener ... Muchos de ellos, más grande ... ¡qué en casa! Entonces ... ¿por qué ellos? Podían vivir ... ¿en güenas casas? Comer bien. Y su vida era ... ¿feliz y tranquila?

¿Por qué en casa, éramos tan pobres? Y siempre ... ¿rodiaos de violencia? Yo siempre pensaba: En el barrio, toas las casas ... ¡son de madera y sines! Muchas pintás ... ¡de bonitos colores! Pero la nuejtra ejtaba jecha ... ¡con palos del monte! Cantos de lata, tapas de dron ... y drones ... ¡rajaos por la mitá! Y enderezaos ... ¡a cantazos! Y hajta cantos de madera, recogíos del río ... ¡Cuándo éjte crecía! Y arrajtraba la basura, con toh ... ¡lo que en ella había!

El techo era de caltón. Y cuando llovía, uno tenía que salir corriendo ... ¡a bujcar latas! Pah ponejlas ebajo ... ¡de cada gotera! Pah que el piso no se mojara. Ni tampoco el fogón, la mesa ... ¡ni las camas! Y dejpués, bujcar un rinconcito ... ¡ónde no gotiara! Pah poder ejcapar ... ¡de tan terrible mojá! Y evitar que las gotas frías... ¡nos cayeran en la ejpalda!

¡Aaay Dios mío, qué toltura! Si cada vez que me recueldo ... ¡me dan ejcalofríos! Mientras Papi, con sus amigos fiejtaba ... ¡bebía y se emborrachaba! ¿Por qué? Cuando íbamos, a la casa de los vecinos ... ¡ellos tenían güena comía! Pero en casa siempre era ... ¡la mijma pila de Cheo! Como él mijmo ... ¡le decía! Día tras día, semana tras semana ... ¡mes tras mes! Durante toh ... ¡el dichoso año! ¿Por qué tanta diferencia? ¡Caramba! Si en lugar de comía, casi tos los chavos ... ¡él se los bebía!

Un día en la ejcuela, mientras contemplaba ... ¡a casi tos los niños! Comprando límber o dulces ... ¡a la hora del recreo! Yo pensaba ... ¿Por qué yo? Teniendo tanta jambre ... ¡No puedo! O no me atrevo ... ¿comprar uno? Si sólo cuejta ... ¡un trijte chavo prieto! ¿Por qué?

Yo no sabía ... ¡la causa de tal pobreza! Hajta que un mediodía, a la hora del almuelzo ... ¡en el comedor de la ejcuela! Le dije a la cocinera: – ¡Écheme un poquito más! Que tengo ... ¡mucha jambre! – Ella me miró ... ¡muy seria! Y me dijo: – ¿Es nene? Dijle a tu papá ... ¡qué deje de beber tanto ron! Y que les compre ... ¡comía! Que éjte ... ¡no es el mantengo!

Yo me quedé mudo. No supe … ¡qué contejtar! Claaaro, si apenas entendí … ¡sus palabras! Pero siempre … ¡pensé en ellas! Y me preguntaba a mí mijmo: – ¿Qué pueo jacer yo? Pah salir … ¿de tanta miseria? – Poco a poco comprendí, que Papi … ¡trabajaba tos los días! Aún en el tiempo muelto. Cuando la Central … ¡paraba de moler caña! Pero, cuando salía del trabajo … ¡se iba derechito pal cafetín!

Junto a sus compinches … ¡ahí se emborrachaba! Y a veces se daba el lujo … ¡de él mijmo emborrachajlos! Cuando ellos ejtaban … ¡o se cantaban pelaos! Pero él … ¡tenía chavos! Lo trijte de toh era, cuando llegaba a la casa … ¡ya borracho! Y con la mitá de los chavos … ¡malgajtaos! Tantos eran … ¡las maldiciones y los golpes! Que de tantos … ¡se sobraban! Pero de ellos … ¡nadien se ejcapaba!

Empezando por Mami. Y telminando, con el más chiquito … ¡de la casa! Aunque juera … ¡un recién nació! Y si a algún animal … ¡juera un lechón! Un cabro, el perro … ¡o juera el gato! Se le ocurría pasar … ¡por su lao! De seguro, también se llevaría … ¡su güen juanetazo! Por eso … ¡cúando lo veían llegar borracho! No lo güelían. ¡No nooooh! ¡Qué vaaah! Mejor … ¡abrían patas a correr! Y en el monte … ¡se peldían! Hajta por la madrugá … ¡o hajta el otro día!

## Acto II: Condenaos a la ojcuridá

Cuando yo tenía … ¡cuatro o cinco años! Apareció por el barrio … ¡un troc calgao de pojtes! Y los jueron poniendo celca … ¡unos de los otros! En toa la vecindá. Dejpués, aparecieron hombres. ¡Con barras y palas! Picos, picotas … ¡y hajta figas bien lalgas! Enseguía empezaron … ¡a ejcalvar joyos! Y en los joyos … ¡a sembrar pojtes! Era … ¡la compañía de elejtricidá! Que venía … ¡a poner la luz!

Por fin, ya no tendríamos … ¡más tinieblas! Había llegao … ¡la luz! Y con ella, Papi compraría … ¡un radio! Aaaah, qué chééévere.

Mmmj. Eso pensábamos nosotros. Pero, aaay bendiiito. ¡Qué lejos ejtábamos de la realidá! A toas las casas, le pusieron los cables. Lijtos ya ... ¡pah poner la luz! Pero, cuando los jueron a poner en casa, Papi ... ¡les salió al paso!

Y ahí mijmo les gritó: – ¡Aquí noooh! Aquí yo no quiero ... ¡esa cabronáááá! – ¿Por qué no? – ...Polque yo ... ¡yo no voy a poner la luz! Esas son ... ¡cabronáááás! – Pues señor ... ¡sean lo que sean! Tenemos óldenes de poner los cables ... ¡en toas las casas! Si mañana o dejpués ... ¡ujté cambia de opinión! Sólo habrá que conejtar ... ¡los cables! – Pues jagan ... ¡lo que les dé la gana! Pero esa cabroná ... ¡aquí yo no la quiero! (Así jue Papi. Hajta que la cama ... ¡lo amansó!)

Varias semanas dejpués, toas las casas de la vecindá tenían ... ¡luz eléjtrica! Toas ... ¡ajta los supuejtos más pobres ... ¡la pusieron! Menos ... ¡en nuejtra casa! ¿Sabes por qué? Claaaro. Si serían, tres o cuatro pesos menos ... ¡al mes! Pah beber y fiejtar ... ¡con sus amigos! Así ... ¡así cualquieeera! Y la luz ... ¡no llegó! Papi la mandó ... ¡pal carajo!

Aaay bendiiito. ¿Cómo podía llegar? Si se reducirían ... ¿las borracheras? Pah compaltir ... ¡con sus amigos! Aunque pah nosotros ... ¡solo hubiera jambre! Miseria, ojcuridá ... ¡y golpes! Yo siempre me recueldo. Que Tunko, como era tan ejtofón ... (estudioso) Tenía que poner el quinqué ... ¡a su lao! Pah poder ejtudiar. Y jacer sus tareas ... ¡de la ejcuela!

Un día, él aprendió a usar ... ¡ejpejos! Pah multiplicar la luz. Y como casi no podía ver ... ¡quiso multiplicar la del quinqué! Y le puso al lao ... ¡varios de ellos! Pero, por más que trató ... ¡no logró su empeño! Pero sí logró granjialse ... ¡muchos regaños! Peleas y golpes. Por la ausencia de la luz, el uso del quinqué ... ¡y sus dichosos inventos! Aaay bendiiito, todavía hoy ... ¡yo me recueldo!

## Acto III: Nuevas ejperanzas

Ya cansá de vivir … ¡en aquella trijte pocilga! A Mami se le ocurrió, pedijle tresientos venticinco pesos prejtaos y un solar … ¡a la Central! Pah jacer … ¡una nueva casita! Como éjta poseía … ¡un terreno baldío! Que no lo usaba pah nah … ¡Ella consiguió ambas cosas! Los chavos y el terreno. Sin más filma, que la promesa velbal … ¡de pagar lo prejtao! Jue entonces, que dedicamos … ¡alma y cuelpo! Conjtruyendo la nueva casa. Y yo, por lo mucho … ¡qué en ella trabajé! La adoraba. Casi, casi como si hubiera sío … ¡una casa Santa!

Son la casa y terreno, donde aún viven … ¡Papi y dos de mis tres helmanas! Aunque la casa, ya ha sío condená … ¡a demolición! De jecho … ¡ya la demolieron! El día aquel que la vi, en el suelo ya tirá … ¡jecha cantos! Ese día yo sentí, como que mi corazón … ¡se dejplomó! Y también … ¡se jiso cantitos! Aunque ya jacía … ¡más de vente años! Que Papi, sin piedá ni compasión … ¡me me había botao! Y dejheredao … ¡de ella!

¿Sabes tú? Cual jue … ¿mi gran trijteza? Pues, una vez telminá … ¡Y ya viviendo en ella! Yo creía … ¡qué la suelte cambiaría! Que la nueva casa, en el nuevo barrio … ¡y los nuevos amigos! Producirían un milagro. Pero … ¡qué vaaah! Como dice el dicho: Moro viejo … ¡mal crijtiano! Ese mijmo día, él se dio … ¡la primer jumeta! Y esa mijma semana … ¡montó el primer alambique!

¿Y sabes tú? Quiénes eran … ¿sus ayudantes? ¡Nosotros! No nos quedaba … ¡de otra! – A las güenas … ¡o mira a ver! – Mmmj. Así … así cualquieeera. Pero aún … ¡con toh y eso! Gracias a la educación … ¡qué Mami nos dio! Ninguno de nosotros … ¡Ni hombres ni mujeres! Somos amigos del ron. ¡Ni de las celvezas! Y mucho menos … ¡amigos de los vicios! Mejor … ¡frecuentamos la iglesia! O ejtamos muy celca ... ¡de ella! Y frecuentemente nos vamos ... ¡de "karioke"! A cantar ... ¡pah dijtraer las penas!

Así pasaban los días ... ¡las semanas, los meses y los años! Hajta que a los diez y siete ... ¡salí de mi casa! Aquella casa ... ¡qué tanto yo quería! Pah ya nunca más, en paz y tranquilidá ... ¡poder regresar a ella!

Toas las hijtorias, que en ejte libro leerás ... ¡tienen relación direjta! Y en ocasiones, indirejtas ... ¡Con esa niñez y esa juventú! Y aún, con la vida adulta ... ¡qué malcó mi camino! Hajta que llegue ... ¡el último día! De mis pasos ... ¡por éjta! Mi terrenal ejsijtencia. Ese día en que me aleje, de ejta tierra ... ¡qué tanto amo! Yo ejpero ... ¡O más bien! Ejtoy seguro ... ¡Qué bajaré al frío pantión! Que ya me ejpera ... ¡Mucho, muchísimo más dichoso y feliz! Que aquel trijte día ... ¡en aquella tan trijte y cruel casita! Por dejdicha ... ¡yo nací!

Y la otra ... ¡en qué me crié! Hajta que de ella ... ¡cómo un paria! Dejterrao salí ... ¡Pah ya nunca más! Tranquilo y feliz ... ¡poder regresar a ella! Todavía hoy ... ¡a mis setenta y cuatro años! Me pregunto: – ¿Cuál jue mi gran delito? ¿Qué mal? ¿O qué daño jice? Pah que Papi ... ¡me tratara así! En aquel hogar, que debió ser mi hogar ... ¡m i dulce hogar! Pero, que tan solo jue ... ¡un hogar de trijtes! Por no decir ... ¡feos recueldos! Qué a mí .... ¡me tocó vivir!

A veces me pregunto. Pero nadien ... ¡me pué dar una razón! Salvo mi helmana. Que un día me dijo: – Fulano le dijo a Papi ... ¡qué tú no lo rejpetabas! Polque si él ... ¡era popular! Nosotros también, teníamos que ser populares. Y no andar luciendo ... ¡una bandera independentijta en su guagua! Que si él juera Papi ... ¡hoy mijmo te entraba a palos!

Y jue veldá. Polque esa talde, Papi me dijo una frase … ¡Qué jamás he podío olvidar! Eran ya … ¡cómo las seis de la talde, de ese día! Cuando me dijo: – Y pensar qué tú … ¡siendo mi propio hijo! Eres … ¡mi peor enemigo! Y pah colmo … ¡vives en mi propia casa! ⊠Eso me dijo … ¡aquella tan trijte talde! Y al ojcurecer yo me jui … ¡Pah ya nunca más, volver a ser … ¡bien recibío! En aquella … ¡mi tan quería casa!

En el cuento de "Karana", en mi telcer libro … ¡ejtá la hijtoria completa! De esa fatídica talde. ¡Aleluya, gloria a Dios! Que aún en medio … ¡de tanto dejprecio! De tanta trijteza … ¡De tanta agonía! Él nunca, nunca … ¡nunca me desamparó! Y siempre, siempre … ¡cuándo más desejperao yo me encontraba! Él siempre, siempre … ¡siempre me tendió su santa mano! Y con su Santo Amor … ¡mis penas y mis heridas, Él quebrantó!

Por eso … ¡ejcribí ejte libro! Libro que encierra … ¡los momentos más trijtes! Y muchos, de los momentos … ¡más felices y alegres! De mi vagar por ejte mundo … ¡qué Dios nos legó! Como yo sé, que mis pasos y mi ejtadía … ¡en ejta tierra! No son … ¡ejclusivamente míos! Que millones de pelsonas … ¡han vivío, viven y vivirán! Ejperiencias semejantes …. ¡a las mías! Y quizás … ¡aún peores! Les dejo mis memorias. Ejperando, que silvan de aliento, fe … ¡y ejtímulo! A aquellos, que tendrán que lidiar … ¡con los vicios! De padres viciosos, crueles … ¡y abusadores! Iguales o peores … ¡qué el mío!

**Fin**

**Moraleja:** Antes, cuando yo nací y me criaba … ¡no había leyes ni amparo! Pah las madres y los hijos maltrataos. Y teníamos que aguantar … ¡y sopoltar los abusos! Hoy sí, hoy hay amparo. ¡Leyes y refugio! Que protegen a las víjtimas … ¡de los padres abusadores! Por lo tanto … ¡no te sometas! Ni sometas a tus hijos a la cruelda … ¡A la que nosotros juimos sometíos! Bujca ayuda ... ¡No sufras! Ni toleres el abuso ... ¡contra tus hijos! Polque talde o temprano ... ¡ellos te reclamarán! Y te pedirán cuentas. Sobre el polqué pelmitijtes ... ¡el abuso y los atropellos! Y tú ... ¡no tendrás ejcusas! Y de tus propios hijos pues sufrir ... ¡dejprecio y abandono! Que por tu negligencia ... ¡tú mijma/o cultivajte!

**Nota:** Los vicios dejtruyen ... ¡las relaciones humanas! Y se echan a rodar por el mundo. A los inocentes hijos ... ¡de semejantes padres! Si por lo menos, uno de los dos ... ¡pudiera educajlos! Como con mucho olgullo ... ¡lo jizo Mami! Sería una bendición ... ¡pah la sociedá! Y pah los bendecíos ... ¡el Reino del Cielo! Al lao de Dios. ¡Por los siglos de los siglos, etelno! Amén.

# Capítulo #2
# La mala gata

Corría el año 1948. Tunko, mi hejmano mayor tenía seis años. Y yo tenía apenas cuatro. Sucede, que una noche apareció por casa ... ¡una gata preñá! Mami la trató de echar. Pero la muy ingrata ... ¡se resijtió! Al otro día entró ... ¡cómo Pedro por la suya! Y en ella ... ¡se quedó! Nosotros muy entusiajmaos, como palte de la familia ... ¡la recibimos! Pensando que como ejtaba preñá ... ¡muy pronto tendría gatitos! Muy graciosos y chiquititos. ¡Pah jugar con ellos! Y enseñajles ... ¡muchos truquitos!

Como a las dos semanas parió ... ¡tres gatitos bien bonitos! Enseguía nos los repaltimos. A mí me tocó uno ... ¡qué era bien blanquito! Locos de contentos a la mamá le dábamos ... ¡mucha comía! Polque como ellos aún no comían ... ¡pah que ella pudiera dar mucha leche! Y los pudiera alimentar bien. Pah que crecieran y se pusieran ... ¡grandotes!

Había pasao, poco más de una semana ... ¡dejde que ella parió! Cuando agarró uno por el pejcuezo. ¡Y brincando se lo llevó! Nosotros desejperaos ... ¡por lo que ejtábamos viendo! Corrimos a avisaje a Mami ... ¡de lo que ejtaba sucediendo! Cuando ella lo supo, muy apená nos dijo: – ¡Váyanse detrás de ella! Y miren bien, donde los ejtá poniendo.

Nosotros, la seguimos hajta una piedra. ¡Allá arriba en el monte! Onde lo acomodó ... ¡Cómo una güena madre! Cuando en peligro ... ¡a sus hijos ejconde! Y a nosotros nos miró ... ¡de muy mala manera! Como queriendo decir: – ¡Lálguense pal carajo! O de ujtedes ... ¡no rejpondo! – Nosotros bien asujtaos ... ¡y llenos de terror! Ya casi sin aliento ... ¡regresamos a casa corriendo! Recoldando aquella mirá ... ¡tan amenazante! Y al gatito que maullaba ... ¡Ebajo de una piedra! Allá arriba ... ¡en el monte!

Poco a poco, se llevó los otros. Y nosotros nos quedamos ... ¡sin nah! Dejde ese día, pah´lante ... ¡yo le cogí odio a los gatos! Y no jue, hajta cincuenta años dejpués ... ¡Qué cambié de sentimientos! Sí sííí. Polque dejde Chicago, Kesha con su mamá ... ¡mandó dos gatas! Gatas que dejpués parieron. Y a toooh el barrio llenaron ... ¡de muy lindos chicagatos!

**Fin**

**Moraleja:** Hay gatos, como a veces hay ... ¡seres humanos! Que parecen ... ¡muy santos! Y como tales ... ¡se presentan! Pero tú ... ¡cuídate de ellos! Polque puen tener ... ¡al diablo ejcondío! Metío ... ¡por entro!

# Capítulo #3
# El Coyuntero

Éjte era, el hijo de mi tía. Pero travieso ... ¡cómo pocos! Tan y tan travieso era. Que ni la mijma mamá ... ¡lo sopoltaba! Cuando eso tenía yo ... ¡cuatro años! Y Tunko seis. Ella se lo entregó a su helmana. Quien era mi mamá. Pah que ella ... ¡lo acabara de criar!

Al principio, el muchacho se poltaba ... ¡más o menos bien! Pero un día y sin motivos, ... ¡le ha dao, esa santa pedrá a Tunko! Que Mami tuvo que correr con él ... ¡pal dijpensario de la Central! Onde le cogieron ... ¡tres puntos de cojtura! Aaay Santo Dios ... ¡Qué balbaridá! ¡Qué dejventura!

Mi papá lo regañó. Y lo amenazó diciéndole: – ¡La prójsima vez! Me voy a olvidar ... ¡qué no eres hijo mío! Y te voy a dar ... ¡esa santa paliza! Que te vas a cagar ... ¡en tu madre! ¡So sinvelgüenza! – Por varios meses, el primo se calmó. Pero el perro ... ¡qué nace bravo! Aunque lo amarren. ¡O lo metan en un corral! Sigue siendo igual ... ¡o más bravo!

En casa había una cabra. Y nosotros, la llevábamos al río ... ¡a pajtar! Sucede que un día, en que la pajtábamos, al Coyuntero se le ocurrió ... ¡amarrajla, de una patita de Tunko! Como él era chiquito ... ¡no se pudo defender! Por eso, dejpués que la amarró ... ¡a su patita! Sí síí, polque pah aquellos tiempos ... ¡la gente no tenía pies! Por eso se dice: – ¡Metió la pata! – Dejpués ... ¡le dio un juanetazo a la cabra! Cuando ella sintió el dolor ... ¡abrió patas a correr! Y en su carrera ... ¡se llevó enredao a Tunko! Arrajtrándolo ... ¡cómo a vente pies de dijtancia!

Lo suficiente ... ¡pah pelajle los pies! Los brazos ... ¡y las nalgas! Entonces sí ... ¡qué el Coyuntero se asujtó! Al ver la sangre, que del cuelpito de Tunko ... ¡a chorros bajaba! Pero ya ... ¡ya era muy talde! El daño ... ¡ya ejtaba jecho! Y lo que jue ... ¡una broma de mal gujto! Se conviltió ... ¡en una tragedia!

Ahora ... ¿cómo presentalse ante Papi? Con Tunko, por toh el cuelpito ... ¡chorriando sangre, a cuejtas! Él sabía que ejta vez, de sus propios golpes ... ¡no se ejcapaba! ¿Qué jacer? – Aaay Santa Maríííа, – decía – por favor ... ¡quítame ejta manía! – Ahora el Coyuntero pensó: – ¡Ya sé! Lo dejo en la ejcalera ... ¡y cojo la juyilanga! – Así lo jizo. Dejpués de dejajlo ahí ... ¡abrió patas a correr! Y desapareció ... ¡hajta llegar a su casa! Y él mijmo dejpués nos dijo ... ¡qué por la noche llegó! Y temblando de mieo callaíto ... ¡en su propia cama dulmió!

Mientras tanto ... ¡por los gritos de Tunko! Mami se asomó por la ventana. Pah averiguar qué era ... ¡lo que ahí pasaba! Pero, al vejlo tan sucio. Y pah colmo ... ¡tan ensangrentao! Por poco ... ¡se dejmaya! Tan pronto se repuso, lo limpió. Y corrió con él ... ¡pal dijpensario! Enseguía, lo embarraron de cremas. Y le vendaron casi toh ... ¡su pequeño cuelpo! Mientras el Coyuntero se peldía ... ¡en la dijtancia y el tiempo!

Por cuatro años seguíos ... ¡ya no lo volvimos a ver! Hajta que un día nos visitó ... ¡acompañando a mi tía! Pero ya nosotros ... ¡ejtábamos más grandes! Y nos podíamos defender ... ¡de sus locuras y fechorías! Parece, que en la carrera, la dijtancia, la ojcuridá ... ¡y el mieo! Se le curaron ... ¡las travesuras! Y ya no era ... ¡tan malo! Como era ... ¡antes de la cabra!

Mmmj. ¡Eso creíamos! Pero jizo hijtoria ... ¡en el barrio! Y en las comunidades vecinas. ¿Te gujtaría conocer sus jechos? ¡Y sus famosas fechorías! Pues ven a Guayanilla. Y pregunta ... ¡por el Cantinflas! O por el Coyuntero. Que son, la mijma pelsona. Y ya tú verás ... ¡Qué te vas a asujtar tanto! Que se te van a parar ... ¡los pelos! ¡No noooh! ¡No se curó nah!

Chaaachos. Si jue ... ¡un bandido de primera! Correa Cotto ... ¡con toh lo malo, que dicen que jue! Se quedó colto. ¿Cómo Palomilla? Aaay bendiiiito. Si le pasó por el lao ... ¡a las millas! Con el tiempo ... ¡jue peor! Todavía dejpués de muelto ... ¡cúando lo mencionan! Siempre alguien ... ¡sale temblando!

¡Así de malo jue! Por eso toh el que lo conoció ... ¡dice como la canción! – Mmmj. Al tal Cantinflas ... ¡A ese Coyuntero! Chaaachos. ¡A ese! A ese ... ¡jamás lo olvidaré! Te lo puedo jurar. Aunque muera de viejo ... ¡O en la ojcuridá!

**Fin**

**Moraleja:** Si no pudo su mamá. ¡Ni su tía tampoco! Y pah colmo la Ley ... ¡se tapó los ojos! Entonces... ¿qué otra cosa se podía jacer? Por eso el mundo ejtá ... ¡tan y tan peldío! Que ya ... ¡casi, casi! Casi tos ... ¡nos ejtamos volviendo locos! Sin alusiones pelsonales. Anque a tos ... ¡nos toque un poco!

# Capítulo #4
# Bola de candela

## Acto I: Los coquipelaos

Éjte era un señor que vivía … ¡no tan lejos de casa! Cuando éranos niñitos, por lo menos, una vez al mes … ¡frecuentaba nuejtra casa! Pero antes de contalte … ¡ejta curiosa hijtoria! Pelmíteme dalte … ¡algunos antecedentes! Pah que tengas mejor idea. ¡Sobre cómo funciona! Cuando se enfogona … ¡alguna gente! Mira, cuando mi cualto helmanito nació. Y a su debido tiempo … ¡ya se recoltaba! Éramos cuatro pelús. Y recoltajnos … ¡muchos chavos cojtaba! Pero pah aquellos tiempos … ¡eso era lo que en casa faltaba! Muchos chavos …

Un día … ¡de tan pelús que ya ejtábamos! A Mami se le ocurrió … ¡recoltajnos! Cogió las tijeras de cojtura. ¡Y la peinilla del diario! Y nos ha dao … ¡esa saaanta pelá! Que al velnos, hajta el cielo se ejtremeció … ¡de tan soberano ejpanto! Imagííínate. Cuando juimos a la iglesia. La gente nos miraba … ¡y se reían! Y siempre alguien decía: – ¡Chaaachooos! Ahí vienen … ¡las cuatro diiitas! Maaamííí, bujca y dame comííía. Que tengo … ¡muuucha jaaambre! Échamela en la dita. (Envase hecha de una higüera.) ¡Sí sííí! En la dita … ¡bien graaande!

Eso a Mami … ¡le molejtó! Y le dio … ¡mucho coraje! Pero usó la dijcreción. Siguió su camino … ¡en la propia direjción! Y ya en la iglesia, se comunicó con Dios. Pidiéndole que jiciera … ¡un milagro en Papi! Y parece que Dios la oyó. Sí sííí, polque al otro día Mami le contó ... ¡el chijme de la noche! Y como la gente se reía ... ¡de la dita de sus hijos!

Pues esa mijma talde, él jue al pueblo. Y compró una maquinilla, una peinilla, una tijera, un cepillo ... ¡y un paño! Ya herramientas en mano y con Mami .... ¡de intrujtora! Nos peló ... ¡a coco! Pah que de nosotros ... ¡nadien se riera! Dejpués, cada cuatro o cinco semanas ... ¡uno a uno, nos coquipelaba! Y no nos dejaba ... ¡ni un solo pelito! Pero no eran ditas. Si noh ... ¡bandablancas!

Siempre ... ¡ejtábamos sin pelo! Claaaro, si solo las orejas ensangrentás ... ¡nos dejaba! Y si protejtábamos ... ¡con un cocotazo! O con el cabo de las tijeras ... ¡nos curaba! Hajta que aprendió a controlar sus ojos, sus manos, la maquinilla ... ¡y las tijeras! Y como coltalnos el pelo. ¡Sin coltalnos las orejas!

A los tres o cuatro meses ... ¡ya no quedábamos tan feos! Y los amiguitos del frente, le pidieron de favor. Que también a ellos les tumbara ... ¡toíto el pelo! Papi los complació. Y los dejó ... ¡coquipelaos! Dejpués se veían tan ejtraños ... ¡Cómo se ven los gallos de pelea! Cuando le coltan ... ¡el moño!

La mamá de los niñitos ... ¡al vejlos tan pelaítos, se enfogonó! Pero cuando los bañó. Y no les vio ... ¡ni un solo piojito! Le dio gracias a Dios. Aunque no jue Él ... ¡el qué los peló! Y a Papi le mandó ... ¡un medio peso! Eso jue como una bendición ... ¡enviá dejde el cielo!

Sí sííí, polque Mami nos mandó a la tienda. ¡A comprar leche! Café, pan, mantequilla, moltadella ... ¡y queso! Y toíto eso jue, como dice la canción. ¡Por medio peso! Ese día comimos tos. ¡Hajta los coquipelaos! Que jugaban con nosotros ... ¡cuándo ejtaban pelús! Y dejpués ... ¡qué ejtaban pelaos!

## Acto II: Bola de candela

La fama de Papi, ¡Como balbero de niños! Se jue ejtendiendo … ¡por toh el barrio! Y como cobraba barato, los pelús … ¡inundaban el batey! Sí sííí. Eso que ahora … ¡le llamamos patio! Siempre había algún pelú … ¡a quién recoltar! Juera un niño, un hombre, un viejo … ¡O juera un muchacho! Jue así, que conocimos a un señor. ¡Qué vivía en el barrio! Y le llamaban … ¡don Pancho! Mami ya lo conocía. Polque era amigo de Papi. Y papá de una señora … ¡Qué era mujer de un señor! Que bebía … ¡mucho ron! Que iba a casa … ¡a comprajlo por galón!

¡Se lo bebía! Y se ponía … ¡hajta el joyo! Dejpués, se pasaba borracho. Igualito que el pitorrero, que se pintó … ¡con mi polla! ¿No has leío el cuento? ¿Noh? Pues ya lo leerás, bajo del título … "El chijpetazo de mi polla". Nosotros lo rodiábamos … ¡cuándo él llegaba a casa! Pah ejcuchar sus chijtes y cuentos … ¡Qué siempre nos jacían reír!

En la última de sus visitas, Mami le preguntó: – Dígame don Pancho. ¿Cómo jue? Que ujté peldió … ¿ese ojo? – Sí sííí, polque de ellos … ¡eran dos! Y a él le quedaba … ¡nah más que uno! Don Pancho se sonrió. Y le dijo: – Aaay señooora. Éjto jue que yo ejtaba … ¡barriendo el batey! Sí, otra vez … ¡pah que no se te olvide! Te ejplico. Mira … ¡Pah ese entonces! En las casas no había patios. ¡Nah más bateyes! Ahora es, que algún "finodo" … ¡con la llegá de Fidel Cajtro! Le cambió el nombre. Y dejde entonces, le llamamos patio. Pues el batey ejtaba … ¡llenito de basura! La basura tenía ejpinas. Yo agarré un poco en la pala. ¡Y la tiré al aire! De repente, parece que al viento … ¡no le gujtó! Y dio un resoplón. Las ejpinas se ejpalcieron. Pero algunas … **¡se me jueron pah encima! Cuando yo las quise … ¡alejar de mí!** Tal parece, que una se molejtó.. Y se me engeretó …

¡en la cara! Y sin piedá ninguna … ¡me arrancó el ojo! Del tronco … ¡pah juera!

– ¡Aaay Dios míío! ¿Y qué ujté sintió, en ese momento? – Aaay señooora. ¡Eso jue terriiible! En esos momentos yo vi … ¡una booola de candeeela! – Pero en el preciso momento, en que don Pancho veía … ¡la booola de candeeela! Papi lo llamó: – Véngase don Pancho. Que ahora le toca … ¡a ujté! – Él ocupó el banco. Y dejpués de recoltao … ¡pagó y se jue!

Nosotros, pasamos toas esas semanas … ¡dramatizando esa convelsación! Y ya teníamos la mente … ¡preacondicioná pal juego! Como cuatro o cinco semanas dejpués, cuando yo vi a don Pancho … ¡Qué iba subiendo la cuejta! Rápido grité: – ¡Maaamííí! Ahí vieneee … ¡Booola de Candeeela!

¡Pah qué jue eso! Cuando don Pancho oyó … ¡ese fatídico apodo! Se paró en seco. Echó una maldición … ¡Y sólo pudimos oír! Cuando gritó … – ¡La maaadre! ¡Qué te parióóó! ¡So pendeeejo! – Ya nunca más … ¡volvió por casa! Y no lo volvimos a ver. Hajta que se murió … ¡de vieeejo!

**Fin**

**Moraleja:** Si eres … ¡muy delicado! O muy delicá … ¡Debes cuidar tu lengua! No sea … ¡qué bajo una indijcreción! Digas algo … ¡qué a nadien le impooolta! Y te tengas que quedar … ¡pelú! O … ¡sin oreeejas!

# Capítulo #5
# Palangana

Ahora te voy a contar ... ¡una hijtoria muy graciosa! Que si no te jace reír. Algo pasa ... ¡con tu memoria! Que no es ... ¡una computadora! Ni que ya es ... ¡lo que antes era! Cuando tú eras chiquito/a! Mira, sigue la secuencia. ¡Y te imaginas la ajción! Y ya verás ... ¡qué vacilóóón!

Éjta era, una señora que vivía ... ¡muy celquita de casa! Y aunque la de nosotros ejtaba jecha ... ¡con palos del monte! Con cantos de lata ... ¡y drones de metal! Rajaos por la mitá ... ¡Y enderezaos a marronazos! Aunque sí ... ¡muy limpia y agradable! La casa de ella, era de madera y sines. Y ejtaba ... ¡muy bien jecha!

De Mami, era muy güena amiga. Y cuando Mami ... ¡salía a trabajar! Ella iba a casa y nos cuidaba. Dejpués que tos comíamos. Ella le echaba... ¡toh lo que sobraba! A un lechón, que en casa había. Era un lechón... ¡bien grandote! Y por cielto... ¡muy glotón! Cuando ella le echaba el fregao... (¡dejpeldicios de la mesa!) Él, de un trompazo... ¡o de un jalón! Se lo quitaba... ¡de las manos!

Creyendo que jacía bien, un día se bujcó... ¡un güen canto de palo! Pah cuando le juera... ¡a echar el fregao! Alejajlo... ¡de un juanetazo! El primero que le dio... ¡parece que le dolió! Y se alejó de Palangana. ¡Qué así la llamaban! Pero, cuando oía ese nombre... ¡ella se enfogonaba!

El lechón... ¡enseguía regresó! Y se la llevó... ¡enredá en la soga! Y con ella... ¡barrió el suelo! Pero, como ejtaba mojao... ¡a rejbalones y a trompazos del lechón! Que asujtao... ¡la rempujaba! Se peló... ¡toíto el pellejo! Dejde los pies... ¡hajta la cara! Aaay Santo Diooos. ¡Pah qué jue eso! Aaay bendiiito. ¡Pooobre Palangaaana!

Sí sííí, polque mientras el lechón... ¡chillaba! Y gritaba Palangana... ¡Nosotros nos reíamos! A puras calcajás... ¡Ja ja ja! De ese... ¡tan grande acontecimiento! Cuando ella del suelo... ¡se pudo levantar! Tenía el fango del lechón... ¡embarrao por toooh el cuelpo! Dejde las patas... ¡hajta la nariz y toa la cara! Enfurecía... ¡gritaba de dolor! Y con ajco, por el pregojte... ¡Jacía muecas y se miraba! Dejpués... ¡nos culpaba a nosotros! Por reílnos... ¡del suceso! Aaay Santo Diooos. ¡Abe Maríííía! ¿Qué es eeeso?

Nosotros la queríamos mucho. A veces la visitábamos. Ella cocinaba... ¡y nos selvía! Y allá en su casa... ¡nos jaltábamos! Así ella, nos mataba la jambre. Antes que a nosotros... ¡la jambre nos matara! Pero la nana Palangana tenía... ¡un pequeño defejto! Que siempre ella ejcondía. Que en casa... ¡nadien sabía! Ni tampoco... ¡nos impoltaba! Es que era... ¡medio zamba! Medio corina. Y medio pintas... ¡tenía las patas!

Por eso era ... ¡qué siempre! Nos echaba a caminar ... ¡al frente! Pah que nadien la mirara ... ¡ni se rieran de su polte! No jue, hajta que crecimos ... ¡un poquito ya más grandes! Y juimos con ella a pie ... ¡dejde la iglesia de Media Quijá! Hajta el Barrio Indios. A la capilla ... ¡de Las Palcelas!

Sucede, que a un grupito de muchachos nos dio ... ¡por quedalnos atrás! Y Palangana muy molejta ... ¡con coraje y mucha velgüenza! Ya no pudo ... ¡aguantar más! Y nos gritó: – ¡Váyanse ujtedes alante! Que atrás ... ¡me quedo yo! Pah que de mí ... ¡no se rían! Y yo me enfogone ... ¡Y les meta una bofetá!

Así jue que comprendimos. Que de samba y corina ... ¡muy poco tenía! Pero sí tenía ... ¡medio pintas las patas! Y por eso las ejcondía. ¡Con medias goldas y lalgas! Sí síí, pah que nadien ... ¡se las viera! Ni pudieran ... ¡contar su hijtoria! Sin pensar ... ¡qué aquel chiquitín! Que por algún tiempo ... ¡ella cuidara! Un día ... ¡la inmoltalizaría! Al ejcribir ejta pequeña ... ¡pero graciosa hijtoria! Que es la hijtoria ... ¡de Palangana!

**Fin**

**Moraleja:** No te aflijas ... ¡por tus defejtos físicos! Si no los puedes remediar. Tú eres ... ¡creación divina! Más bien, piensa y cultiva ... ¡tus talentos y viltudes! Que al fin y alcabo ... ¡serán éjtos! Los que en toh momento ... ¡te alegrarán la vida!

Piensa, que hay millones y millones de seres humanos ... ¡en toíto el mundo! Que tienen tantos ... ¡y hajta muchísimos más problemas! Que los que tú ... ¡puedas tener! Aún sin tener ... ¡ningún defejto físico, visible!

Ahora, si no me crees … ¡da un vijtazo a tu alrededor! O si lo prefieres, mira las noticias … ¡en tu televisor! Quizás con éjto … ¡cambies de opinión! Y al miralte al ejpejo te sientas … ¡muchísimo mejor!

# Capítulo #6
# La pijtolita de Tunko

Jace ya muchos, muchos ... ¡cómo setenta años! Le juimos a llevar almuerzo ... ¡a Papi! Como ya sabes, durante el tiempo muelto él trabajaba ... ¡en el monte de la Ejcóbanas! Pero ese lugar quedaba ... ¡muy lejos de casa! Y nosotros éramos nenes. Entre los cuatro ... ¡y los seis años! Pero así era ... ¡pah ese entonces! Teníamos que trabajar ... ¡cómo si juéramos hombres! Ya en la Ejcóbanas ... ¡nos encontramos con un primo! Que le había llevao almuelzo ... ¡a su papá! Y decidimos, regresar juntos.

A mitá del camino, él se dejvió. Se trepó sobre un poltón, que tenía candao. Y brincó ... ¡al otro lao! Dejpués nos invitó ... ¡a jacer lo mijmo! Al principio rehusamos. Pero él insijtió. Polque quería ver ... ¡a otros tíos! Por eso nos convenció. ¡Y lo seguimos! Al llegar a la casa ... ¡juimos uno por uno! Saludando a los presentes. Dejpués, juimos a la casa ... ¡del agüelo de Papi! Y bisagüelo de nosotros. Que por cielto ... ¡era ciego!

Mientras platicábamos con él, Tunko bujcó en las tablillas. ¡A ver si encontraba chavos! Polque a veces, sí encontrábamos. ¡Y se los pedíamos! Como él no los necesitaba ... ¡aunque no jueran de él! Nos los regalaba. Ejta vez, Tunko no encontró chavos. Pero sí encontró ... ¡una pijtolita de juguete! Y lleno de alegría ... ¡jue corriendo! A pedílsela ... ¡a la tía!

Ella, que casi siempre nos complacía, le preguntó: – ¿Dónde la jallajtes? – ¡Allá arriba, en la tablilla! Pues si el dueño ... ¡la dejó botá!

Es polque no la necesita. ¡Llévatela nene! – Y Tunko, lleno de alegría y felicidá ... ¡cómo un vaquero! Se la echó al bolsillo. Claaaro. Si esa era ... ¡la primera pijtolita! Que él tenía en sus manos. Y no veía el momento ... ¡de llegar a casa! Pah comprar fulminantes ... ¡Y empezar a dijparajla!

Ya llegando, corrió a la casa ... ¡del pejcador de careyes! Que entre otras cosas ... ¡los vendía! Y con un chavo prieto ... ¡compró un rollito! Primero empezó a dijparajlos ... ¡de uno en uno! Hajta que se le acabaron. Dejpués, le pidió cinco chavos a Mami. Y volvió a la casa del pejcador. ... ¡Y compró una cajita! Que traía ... ¡seis rollitos! En eso regresó Papi ... ¡del trabajo! Cuando vio a Tunko ... ¡dijparando! Le preguntó: – Y esa pijtolita ... ¿de dónde la sacajtes? – Sí, polque a casa, ejtaba telminantemente prohibío. ¡Aparecer con algo! Que no juera comprao. Dejpués le dijo: – Ahora la gualdas. Que me voy a acojtar ... ¡un rato!

A Tunko, que ejtaba tan entusiajmao ... ¡se le olvidó la olden! Y como tenía ... ¡tanta fiebre! Por aquella dichosa pijtolita ... ¡Dijparó otro tiro! Cuando Papi lo oyó ... ¡se levantó de la cama! Y gruñendo los yentes. ¡Sin ningún motivo enfogonao! Le dijo: – ¡Marrayo palta, carajo! Dame acá ... ¡esa jodía pijtolita! – Tunko se la dio. ¡Pensando que se la gualdaría! Pero Papi la agarró ... ¡Se arrimó a la ejcalera! Que era una rueda de carro ... ¡llena de cemento! Y con toas sus juelzas ... ¡la rejtrilló contra ella! Hechó una maldición ... ¡Y se volvió a acojtar!

Aaay bendiiito. La pobre pijtolita voló ... ¡jecha mil cantitos! Dejpués, Tunko y yo ... ¡los dos llorando! Tratábamos de encontrar ... ¡y recoger los cantitos! ¿Pero cómo? Si quedaron ... ¡casi microjcópicos! Al ratito, nos dimos por vencíos. Y nos juimos ... ¡a enjugar las lágrimas! A la sombra, de un tamarindo que crecía ... ¡a la orilla del río! Con unos cantitos de la pijtolita. ¡Los únicos! Que pudimos encontrar ... ¡bien chiquititos! Y un cantito del cabo.

Dejde ese día hajta hoy, han pasao ya ... ¡ya taaantos años! Pero a mí ... ¡no se me ha olvidao! Y aunque Tunko ... ¡siempre ha tratao! Cuando se la mencionan ... ¡se ejtremece! Y reconoce, que a él tampoco ... ¡se le ha olvidao! No noooh, polque jue ... ¡la primera pijtolita! De la cual en nuejtra niñez ... ¡hubiéramos dijfrutao! Pero Papi la agarró ... ¡sin habejla comprao! Y sin impoltajle ... ¡un pepino! La apretó ... ¡en la palma de su mano! Y con toas sus juelzas, la mandó ... ¡pal carajo!

**Fin**

**Moraleja:** Con recueldos así. ¿Se podrá borrar el pasado? No pelmitas ... ¡qué en tu vejez! A ti te recuelden ... ¡con la mijma trijteza! Con la mijma amalgura, que como un aguijón ... ¡se presenta! Y nos cae arriba. Pah jacelnos revivir ... ¡esa trijte agonía!

¡Sé güeno con tus hijos! Pah que dejpués de viejo ... ¡no sufras el dejprecio! Que de tus hijos ... ¡tú te hayas ganao! Reconoce su derecho ... ¡a ser felices en su niñez! En su juventú ... ¡y aún dejpués! Cuando los años ... ¡ya te pesen! Y tu cuelpo ... ¡ya no los aguante!

Así, cuando te llegue tu tiempo ... ¡Los güenos recueldos! Te pelmitan vivir ... ¡los últimos años de tu vida! Contento/a, feliz ... ¡y dichoso/a! Sin la amalgura ... ¡ni los remoldimientos! Que siempre acompañan ... ¡a aquellos que jueron malos! Y que ahora lloran ... ¡arrepentíos! Cuando ya ... ¡ya no hay remedio!

Esos, esos que dejpués se quejan ... ¡y se lamentan! Quizás, no de arrepentimiento ... ¡Por lo malo que jueron! Si noooh, polque ya ... ¡no tienen juelzas! Y no pueden repaltir ... ¡más palos! Claaaro. Si en el fondo ... ¡siguen siendo lo que antes jueron! Y de esos ... ¡yo he conocío a muchos!

¿No me crees? Ve y pregúntale ... ¡a cualquiera! De esos viejos ... ¡o viejas! Que teniendo familia ... ¡viven abandonaos! En tu barrio ... ¡o en sus alrededores! Vas a encontrar a varios. ¡Qué ahora lloran! Botando lágrimas ... ¡de sangre! Quizás, no de arrepentimiento ... ¡por toh lo malo que jueron! Si noh, polque ya ... ¡ya no lo pueden seguir jaciendo! Y tan solo son ... ¡lágrimas de cocodrilo! A veces, aunque duela ... ¡se habla por la ejperiencia!

# Capítulo #7
# El pejcador de careyes

## Acto I: La careya

Éjte era, un pejcador que vivía ... ¡al lao de casa! Sí sííí. Solo había ... ¡qué cruzar una vega.! De algunos dojsientos pies de dijtancia ... ¡de casa! Ejte pejcador, parece que adivinaba ... ¡cuándo las careyas saldrían! Polque cuando regresaba ... ¡siempre una traía! Aunque los otros regresaran ... ¡con las manos vacías!

Cuando a su casa llegaba, en la sala ... ¡patas pah'rriba las ponía! Pah que no se movieran. Ni se ejcaparan ... ¡cómo una gata! Y viva se sabía que ejtaba ... ¡cuándo un ojo abría! O de su colita ... ¡la puntita meniaba!

A los cuatro o cinco días ... ¡ya abatía por la jambre! La degollaba. Y le removía ... ¡toa su cajne! Incluyendo ... ¡cómo trecientos güevos! Que en la pansa ... ¡ella gualdaba! Él, toh lo vendía. Sí sííí, toooh. ¡Hajta la concha incluía!

¿Sabes cómo él jacía? ¡Pah curar la concha! Pues, muy sencillo. Primero ... ¡ejcalvaba un joyo! Dejpués la echaba. Y con toa la tierra ... ¡qué sacó del joyo! La cubría. Ya ahí, por cinco o seis meses ... ¡a curar la dejaba!

Cuando ya ... ¡un cliente tenía! La desenterraba. Y dejpués ... ¡de muy bien lavajla! Se iba al pueblo ... ¡y la vendía! Con los chavos que traía, compraba ... ¡toh el ron que pudiera! Y algunos galones ... ¡de pitorro! Que pah ese entonces valían ... ¡pocos chavos! Y tranquilamente se los bebía. Dejpués de borracho, le entraba a golpes ... ¡a su mujer! Hajta que sin chavos ... ¡se quedaba! Ya sin chavos, sin ron, sin borracheras ... ¡Y hajta sin mujer! Quien de tanta candela ... ¡se cansaba! Y cuando ya ... ¡no podía aguantar más! Se iba ... ¡y lo dejaba!

Días o semanas más talde, con lloriqueos ... ¡y lagrimitas de cocodrilo! Él iba y la bujcaba. Pero nooooh. Tan solo, cuando ella quisiera ... ¡o le diera su real gana! Así decía él. Pero suena más grato decir ... ¡se iba! Y dejpués, ya curá de los golpes ... ¡regresaba!

## Acto II: El borrachito malcriao

Panchito, era su único hijo. Pero un día ... ¡se enfelmó! Cuando eso, tan solo tenía yo ... ¡cuatro años, si acaso! Como él había heredao ... ¡la bendición de sus padres! En el hojpital ... ¡ejsigía ron! Al no ser complacío ... ¡empezó a echar maldiciones! Y a insultar ... ¡a enfermeras y a dojtores! Al ejtremo, que ya ninguno de ellos ... ¡lo podía sopoltar! Y de atendejlo ... ¡tos se cansaron!

Entonces, el clamor era: – ¡Déjenlo solo! ¡Qué se muera! Que pah lo que vale, el país no pielde … ¡ni un carajo! – Y por su mala condujta … ¡Sin atención médica! Y sin medicinas … ¡se quedó! Al poco tiempo … ¡ya sin vida! Jue un ejqueleto … ¡lo que a su casa llegó! Dejpués el pejcador … ¡a enfelmeras y a dojtores culpaba! Y no confolme con eso, al hojpital … ¡dónde quiera difamaba!

¡Caraaamba! Pero en aquellos tiempos … ¿quién se podía dar el lujo? De aguantar … ¡a tan malcriao cliente? Y sufrir … ¿tos aquellos insultos? Es más, yo creo … ¡qué ni el mijmo Dios! Aguantaría … ¡toh aquel santo atropello! Mira, aquí entre nos … ¡Yo creo que Él! Sin preguntajle nah. Y siendo … ¡tan bondadoso! Y más aún, siendo quien lo jizo … ¡Lo hubiera tolerao! Mejor lo hubiera mandao … ¡derechiiito pal carajo! Que es lo mijmo … ¡qué el infiejno! Pero suena … ¡más sofijticao!

Ahora me pregunto yo: – ¿Ejtará él, con sus papás en el cielo? O ejtarán los tres … ¿en el otro lao? ¡Quién saaabe! Polque beber … ¡no es pecado! Pecado es … ¡lo que uno jace! Dejpués que ejtá borracho. Por eso dice la Biblia: – No bebedores de mucho vino. Polque el vino, es ejcalnecedor. Y la celveza … ¡es alborotadora! Y los que por ellos pecan … ¡no son sabios!

Lo que la Biblia prohíbe … ¡es emborrachalse! Y luego, aprovechar la borrachera … ¡pah fajtidiar a los demás! Pah salvar o condenar … ¡Solo Dios! Es juez, fijcal … ¡y abogado! Pero … ¿y si jiciera falta un veldugo? ¿Quién sería, aaah? Aunque por ahí dicen … ¡qué es el diablo! ¿Será veldá? Güeno yo creo, que hay que ejtudiar … ¡el caso! Sí sííí. Polque éjte no es … ¡un caso cerrado! No noooh. Ni allá en el Cielo … ¡ni acá en la Tierra! Aunque en el pueblo … ¡ya ejté olvidao! Pero serán jujgaos … ¡cómo tos nosotros! En algún … ¡otro lao!

## Acto III: Dulces por jidionda

Güeno, güeno ... ¡volviendo al tema! Cayita, la mujer del pejcador, era una señora ... ¡medio lunática! Polque unas veces, nos pasaba por el lao ... ¡muy sonriente y amijtosa! Y se paraba, a platicar con nosotros ... ¡muy alegremente! Pero otras veces ... ¡caraaamba! Parece que comía puntillas. Sí síií, de esas ... ¡de arreglar zapatos! Polque por tos laos ... ¡jincaba! Y a nadien conocía ... ¡cuándo por el lao le pasaba!

Dejpués le dio ... ¡por vender límber! Dulces de coco, dulces de coco con lechosa, galletas ... ¡y pan de piquito! Lo güeno de eso era, que cah cosa cojtaba nah más ... ¡qué un chavito prieto! Cuando teníamos con qué ... ¡Allá era otro sitio! Donde matábamos la jambre. Que era el aguijón ... ¡de tos los días! Y ella con esas ventas, se ganaba según ella decía ... ¡algunos chavitos!

Pah poder ganar más ... ¡nos compraba cocos! Cocos que nosotros recogíamos ... ¡de unas palmas que crecían! A la orilla de la caña. Pero, lo que más nos compraba ... ¡eran semillas de jidionda!( Semillas, sustitutas del café.) Que en el monte ... ¡se multiplicaban! Entonces sí ... ¡qué nos salvamos! Polque ella bebía ... ¡café de semillas! Que a nosotros nos compraba. Y nosotros ... ¡comíamos dulces! Que comprábamos con los chavos ... ¡qué ella nos pagaba!

Ahora, que ya ejtoy viejo ... ¡cuándo mi mente divaga! Recueldo aquellos ... ¡tan alegres días! Con resijnación ... ¡y nojtalgia! Pero, con mucha alegría. Digo, los que pasaba ... ¡allá ajuera! Polque en casa, solo había jambre. ¡Regaños, palos y bofetás! De noche ... ¡y de día!

En la orilla de la velja ... ¡qué en su casa había! Nació ... ¡una enredadera de palchas! Que crecían ... ¡bien grandotas! Cuando maduraban ... ¡ella nos las quería vender! Pero más lijtos nosotros ... ¡madrugábamos! Y cuando ella se levantaba, ya las palchas ... ¡en nuejtra pansa dulmían! Y como nunca nos solprendió ... ¡Siempre pensó! Que cuatro patas ... ¡Tenían los ladrones! Polque siempre creyó ... ¡qué eran los ratones!

## Acto IV: Adiós mundo cruel

Una noche el pejcador ... ¡tuvo una pesadilla! Y dejpeltó ojsesionao. Pensando ... ¡qué su mujer! Jue la causante ... ¡de la muelte de su hijo! Y dejde ese día ... ¡no pasaba uno! Sin que hubieran ... ¡puños o palos! Pero no palos de ron ... ¡No noooh! Si no de leña, en las cojtillas ... ¡de su doña! Cuando ya ella ... ¡no aguantaba más! Se iba de la casa. Aunque juera ... ¡por una o dos semanas! Dejpués, ejtaba de regreso. Decía ella, que pah lavajle la ropa, cocinajle ... ¡y limpiar la casa! Y hajta pah lavajle los pies ... ¡al pobrecito abusador! Aaay bendiiito. ¡Pooobre angeliiito!

Como a los cuatro años ... ¡de habelse muelto su hijo! Quizás por su példida. ¡O por los golpes recibíos! Doña Cayita murió. El pejcador ... ¡al velse tan solo! Y por tos los vecinos ... ¡dejpreciao! Un día, agarró una soga. La amarró de un gancho, del palo de mangó ... ¡qué hay al frente! De la que otrora ... ¡juera su casa! Le jizo ... ¡un nudo corridizo! Se la puso de collar ... ¡Y se tiró al vacío!

Aaay bendiiito, pah que tú veas ... ¡Jue con tan mala! O con tan güena suelte ... ¡Qué aunque parejca raro! Murió en el mijmo joyo ... ¡Ónde él enterraba las conchas! Qué le producían los chavos ... ¡Pah comprar el ron! Que se bebía ... ¡Cuándo se quería emborrachar! Pah dejpués, en las borracheras ... ¡entrajle a palos a su doña! Sí síií. ¡Mira qué suelte! La soga se reventó. ¡Y él cayó de cabeza! En el mijmo joyo ... ¡dónde enterraba las conchas! Por eso, me pregunto yo ... ¿Dónde ejtará ahora? ¡Quién saaabe!

## Acto V: La última careya

El otro día, en un velorio. ¡Dónde se reúnen los vivos! Pah dajle el último adiós ... ¡a sus mueltos! Me encontré con un vecino. ¡Y viejo amigo, de aquellos tiempos! Cuando éramos chiquititos. Y dejpués, de platicar un ratito le pregunté: – Polo, tú te recueldas ... ¿del pejcador de careyes? – ¿De don Teyo? ¡Claaaro que síí! – Y nos pusimos a platicar ... ¡sobre las andanzas del pejcador!

Hajta que de pronto me miró ... ¡medio serio! Y me preguntó: – ¿Tú sabes? Con quién el pejcó ... ¿su última careya? – Noooh. ¿Con quién? – Mira, ese día ... ¡él me jue a bujcar a casa! Ya jacía varias semanas ... ¡qué él la ejtaba vigilando! Y cuando ejtuvo seguro ... ¡de su salía! Me invitó a acompañajlo. Subimos por el monte ... ¡hajta Punta Barraco! Ya en la playa ... ¡ejcalvamos una zanja!

Él, calculando el lugar ... ¡por donde saldría! Y como ya tenía ... ¡mucha ejperiencia! No falló. Ejcondíos la vimos ... ¡cúando en la zanja cayó! Rápido coltamos ... ¡un palo de salcilla! La agarramos ... ¡por las cuatro aletas! O mejor dicho ... ¡por las cuatro patas! Polque con ellas ... ¡andan y nadan! Sea en la tierra ... ¡o sea en el agua! Y la amarramos del palo. Dejpués, la subimos por el monte. Cada uno por una punta ... ¡Calgándola en los jombros! Dando trajpiés y tropezones ... ¡Hajta que llegamos a su casa! Claaaro, si pesaba ... ¡más de sesenta libras! Y yo más agotao ... ¡qué el carajo!

A los cinco días la degollamos. ¡Chaaacho! Tenía ... ¡casi trejcientos güevos! Yo me llevé cien ... ¡pah casa! Y ejtuve comiendo güevos, comiendo güevos ... ¡Y comiendo güevos! Tos los días ... ¡Por más de dos semanas! Y jueron tantos ... ¡los güevos que me comí! Chaaacho. Que por poco agarro ... ¡la indigejtión del carajo!

– ¡Caraaamba, Polo! Si esa palte de la hijtoria ... ¡esa yo no la sabía! Gracias ... ¡por contálmela! Y ahora sí, que ejtá completo. Y éjte tan emocionante cuento ... ¡cómo decía, el amigo de la Calbay! Ya se jodió ... ¡carajo!

**Fin**

**Moraleja:** Hay cinco entidades que debemos apreciar ... ¡Y valorizar! Y más aún ... ¡ofrecejles nuejtro apoyo! Y nuejtro agradecimiento. Pah que nos vaya bien. Y dejpués ... ¡no nos quejemos!

1 - A nuejtros vecinos. Pues son éjtos ... ¡nuejtros más celcanos socorrijtas! Y los que nos darán ... ¡los primeros aujsilios! En caso de necesidá. Y no los famliares de lejos ... ¡si es que llegan! Cuando ya ejtemos embalsamaos, quemaos ... ¡o en el joyo!

2 - A los maejtros. Polque ellos nos impalten ... ¡el don de la sabiduría! Pah vivir tos los días ... ¡hajta que nos entierren! Si no es, que nos embalsaman. Y nos gualdan ... ¡pah ejcabeche!

3 - A los policías y a los bomberos. Polque cuando tenemos problemas. ¡Son ellos! Quienes arriejgando su propia seguridá ... ¡nos socorren! O ... ¡apagan el fuego!

4 - A los dojtores y enfelmeros/as. ¡Qué nos orientan! Y cuidan ... ¡de nuejtra salú! Aún, arriejgando la suya. Con enfelmedades ... ¡qué andan sueltas! Y que a veces ... ¡son moltales! Ejto es ... ¡qué no se curan! Y los puen ... ¡contagiar! Como les ejtá pasando ... ¡a dojtores, enfelmeros/as, a policías y bomberos ... ¡con el coronavirus! Que hajta hoy ha matao ... ¡a un montón! Y no sabemos ... ¡a cúantos más!

5- ¡Al sepulturero! Quien es el que nos echa ... ¡la última pala de tierra! Y hajta nos dah ... ¡el último terronazo! Suelte, que dejde ese día pah'lante ... ¡ya no duele! Imagínate si doliera ... ¡Cómo ejtarían los gritos! De tos aquellos, que en su último día ... ¡en la supelficie del planeta! En lugar de jacejle ... ¡una güena fiejta! Los mandan a jacer ... ¡chicharrón! Y los queman. Aaay bendiiito. A ti ... ¿no te da pena?

6 - Éjta la añado yo. ¡A los ambientalijtas y a los legijladores! Que aprobaron la ley ... ¡Qué protege a los careyes! De una segura ejtinción. Y si hoy sobreviven ... ¡es gracias a ellos!

Aunque una ley ... ¡por güena que sea! Si no se jace al pueblo consiente ... ¡de su necesidá y su valor! Es como una pluma ... ¡sin tinta! O ... ¡sin agua! Ejta ley ... ¡hay que jacejla cumplir! Con toh el rigor ... ¡de su letra! Amén. ¡Qué así sea!

# Capítulo #8
# El mijterio de la casa de piedras

En tiempos de mi niñez. Cuando tenía yo ... ¡seis años! Frente a mi ejcuela del barrio Boca ... ¡pasaba! Y aún hoy ... ¡pasa una carretera! Carretera que por cielto ... ¡era muy transitá! Por carros y bicicletas, troces ... ¡y máquinas de caña! Llenas y vacías. Y gente a pie ... ¡y hajta en yegua!

Por ahí pasaba un viejito ... ¡con abanajtas en su yegua! Calgás de fiambreras. Llenas de almuelzo y café. ¡Pah su hambrienta clientela! Los trabajadores contratantes ... ¡eran los picadores de caña! Que pagaban ... ¡a diez chavos por almuerzo! Los seis días ... ¡de la semana!

Lo curioso del viejito ... ¡eran su ajpejto y figura! Bien bajito de ejtatura. Jorobao, flaco, feo, vijco ... ¡y mellao! Serio ... ¡y sonrisa ninguna! Aunque sí ... ¡palpaguiaba! A veces por relajar, algún niño al vejlo pasar gritaba: – ¡Chaaachooos! Ahí viene ... ¡el viejo fantaaajma! El que cabalga de día .... ¡Y por la noche dejcaaansa!

Tos corríamos ... ¡a la velja! A saludar ... ¡O a gritajle! A veces él saludaba. ¡Cuándo iba temprano! Pero a veces noh. ¡Polque iba muy talde! Ahí era ... ¡cuándo más nos divejtíamos! Unos gritaban: – ¡Dale agua! Otros: – ¡Dale fuete! Y los más osaos le gritaban: – ¡Ponle pantis! El viejo sin mirar pal lao ... ¡seguía su camino inmutable! Pues él no podía ... ¡peldel su tiempo! Con chiquillos ... ¡indomables!

Yo, no conocía al viejito. Ni sabía ... ¡de donde era! Hajta que un güen día, me jui a pie ... ¡por ese camino! Hajta la mijma gallera. Pero ya ... ¡llegando a ella! Al lao zuldo, había una casa de piedras. Sí sííí, una casa antigua. De esas, onde vivían ... ¡los camineros! Aquellos que arreglaban ... ¡caminos y carreteras!

La casa ejtaba cerrá. Y yo no sabía ... ¡de quién era! Por eso, me paré a contemplajla. A la sombra de un gran palo. ¡Calgaíto, calgaíto! ¡Llenito de almendras! Al ratito se me paró al lao ... ¡un viejito que cojiaba! Se paró en su cojeo. Digo ... ¡en su camino! Nos saludamos, platicamos. Le pregunté. Y él me contejtó: – Sí sííí. Ahí vive ... ¡don Pancho Piedras!

– ¿Don Pancho Piedras? ¿El almuelcero? ¿El que pasa por la ejcuela? – Entonces yo me enfrié. ¡Y me dio calambre! Por el mieo ... ¡qué él me reconociera! Y qué en un arranque de coraje ... ¡se me tirara encima, con toh y yegua! Sin pelder un solo minuto ... ¡Y sin mirar pah'trás! Me alejé de ahí ... ¡tranquiando! Pah cuando se dejpeltara el viejo ... ¡me mirara sin dijgujto!

Ya cuando regresé a casa ... ¡Se había disipao mi sujto! Y esa noche yo dulmí, como un lirón ... ¡bien a gujto! Al otro día ... ¡se corrió la noticia! Del viejito ... ¡de la casa de piedras! Que la yegua lo patió ... ¡Y le rompió la cabeza!

A pocas horas del suceso ... ¡lo llevaron a la iglesia! Pero ya llegando a ella ... ¡en la mijma puelta! Aaay bendiiito, ahí mijmito ... ¡el viejito ejtiró la pata! Y se murió ... ¡toíto, toíto, toíto! No le quedó vivo ... ¡naaah! Tan solo ... ¡las banajtas y la yeeegua!

Días dejpués de enterrao ... ¡se corrió una gran noticia! Un viejito en un sillón ... ¡fumándose un güen cigarro! Dejde aquel viejo balcón, contemplaba ... ¡la infinidá de la noche! Muchos lo vieron fumando. Otros … ¡contemplando las ejtrellas! Pero nadien sabía … ¡quién carajo! Ese fumón era.

Unos decían, que era el muelto. Otros, que era un caminante varao … ¡en medio de la carretera! Toh quedó … ¡en un mijterio! El mieo cundió … ¡por toooh el barrio! Ya nadien se atrevía pasar, por toh ese tramo … ¡de la carretera! Antes de llegar … ¡a la gallera! Y así jue por mucho tiempo. Hajta que pusieron la luz … ¡Arrancaron la vía del tren! Tumbaron la gallera … ¡Ejmolieron la casa de piedras! Y embrearon … ¡la carretera! Pero antes de la luz, la vía y la brea … ¡la casa de piedras y la gallera! Las hijtorias… ¡se multiplicaban! Y toh el que las creía, del mijmo mieo … ¡se embetunaba!

**Fin**

**Moraleja:** El mieo jace milagros. Imagínate, que muchos se paralizan, Y aunque quieran … ¡No se puen aguantar! Y tiran … ¡los peos al aire!

# Capítulo #9
# El fantajma de Media Quijá

## Acto # 1: Orígen de Media Quijá

Dejde muchísimos años, antes de los años … ¡de mi niñez! Entre Yauco y Guayanilla, en el bolde … ¡entre los barrios Barinas y Boca! Hay un sejtor … ¡muy popular! No político, si noh social. ¡De fama intelnacional! Conocío, como Media Quijá. De ese sejtor … ¡hay muchas hijtorias! Pero antes de contalte éjta … ¡pelmíteme ejplicalte! El origen de ese nombre … ¡de Media Quijá!

Mira, jace muchos años. ¡Antes de que yo naciera! Ese sejtor no tenía nombre. Dicen las malas lenguas. ¡Qué ahí vivía un joven! Que era el más alto. ¡Y el más tofe del lugar! Pero según de alto y tofe … ¡así mijmo era! El cobalde número uno … ¡de toh el barrio!

Cada vez, que se zafaba un bofetón ... ¡O una pejcosá! Siempre aterrizaba ... ¡en su cara! Claaaro. ¡Si era tan cobalde! Que en lugar de defendelse. ¡Y devolvejlo! Abría patas a correr ... ¡Y se lo llevaba pah su casa! Y jueron tantos ... ¡los golpes que recibió! Que un güen día ... ¡se cansó! Y juró ... ¡no correr más!

Esa noche, se jue pah La Palmita. Éjta era una palma de cocos, que los vecinos coltaron. Que medía ... ¡cómo vente pies de lalga! Y la pusieron de banco, frente a la barra. Una que había en el lugar. Onde Papi con sus amigos ... ¡se iba a emborrachar!

Sucede que una noche ... ¡un tal Sampino! Hombre muy abusador ... ¡Le dio una bofetá! Pero como ya el muchacho, se había jurao a sí mijmo ... ¡No correr más! Ahí mijmo sacó ... ¡un solo puño! Con tanta precisión ... ¡y poder! Que le arrancó ... ¡la quijá de abajo! Y ahí mijmo, al injtante ... ¡de aquel soberano puño, lo mató! Claaaro. ¡Si le arrancó la quijá! Y éjta ... ¡por el suelo rodó!

Al muchacho ... ¡se lo llevaron preso! Y en la cálcel, muchos años más talde ... ¡se murió! Pero el abusador de Sampino ... ¡la mijma noche, se jodió! Un solo puño lo mandó ... ¡pal carajo! Dejde esa noche, a ese sejtor se le conoce ... ¡cómo Media Quijá! En honor a la quijá ... ¡de ese abusador! Luego al lao de una punta ... ¡de la palmita! Pusieron una cruz de tubos galvanizaos ... ¡En un latón de cemento! Pah recoldajle a los abusadores ... ¡Qué cualquier pendejo! De un güen puño pue matar ... ¡al más guapetón del barrio!

## Acto # 2: Lugar de la contienda

Pues, ya conociendo ... ¡el origen de ese nombre! Te voy a contar la hijtoria ... ¡que horita te prometí! Mira, yo te puedo asegurar. ¡Que ejta otra! También es ... ¡la auténtica veldá! Pues yo era aún chiquitito. Pero te puedo decir con toda celteza. ¡Y con lujo de detalles!

Los protagonijtas y su parentela. Sí sííí, polque yo nací y viví ... ¡ahí! Y de alguna manera palticipé. ¡Folmé palte! Y ejtuve en medio ... ¡de la contienda! Y hajta era pariente ... ¡de uno! De los principales ajtores. Y ejtudié ... ¡con una de sus hijas!

Sucede que yo vivía ... ¡en una humilde casita! Allá arriba en la lomita. ¡Frente a la carretera! Dejpués de éjta hay una zanja. Zanja que se origina, como a ciento cincuenta pies de dijtancia. ¡Dónde el río jue represao! Pah aprovechar el agua. Y con ella ... ¡regar la caña! Dejpués de la carretera, la zanja y el río ... ¡había una enolme pieza de caña! Terreno, que ahora ejtá baldío.

Sí sííí. Polque parece, que el salijtre de la mar ... ¡ocupó el lugar! Del agua sujterrania que de ahí ... ¡sacaron las petroquímicas! Y por el mijmo camino, entró el agua salá ... ¡de toa la cojta! Incluyendo la de Ventanas. Y la tierra, parece que ejtá muelta. Sí sííí, polque casi nah, de lo que ahí se siembra ... ¡produce algo! O no produce nah.

Toa ejta infolmación te la doy. Por si por incredulidá o curioseo ... ¡quisieras conocer! El lugar y los protagonijtas ... ¡de éjta, tan verídica hijtoria! Mira, detrás de esa casita, que ya no ejsijte. Pero sí hay ... ¡una de cemento! Ahí ejtá el monte. Separao, del Monte del Ejtado. Allá hay una gualdaraya, que separa los dos montes. Cujtodiá por un gualdabojques. ¡Don Chucho! Así lo llamaban. Pero su nombre real, él no lo decía. Polque a él no le daba ... ¡su real gana!

Frente a casa en la carretera ... ¡algo raro un día sucedió! Y se corrió una noticia. ¡Qué a toh el mundo asujtó! Decían, que a cielta hora de la noche. ¡Encapuchao con una sábana blanca! Un fantajma aparecía. ¡Con tanta violencia! Que quería tumbar ... ¡las casas! Imagííínate.

Y jueron ... ¡tantos y tantos los comentarios! Y el cuco del fantajma, Que ya la gente ... ¡ejtaba ejcamá! Y nadien se atrevía ... ¡tiralse a la calle! Claaaro. Si le cogieron mieo ... ¡al fantajma! Y ya, a las nueve de la noche, toh el mundo cerraba ... ¡pueltas y ventanas! ¡Con llave y candao! Por si acaso aparecía ... ¡Qué no los agarrara! Pero los más asujtaos eran ... ¡los vecinos de casa!

## Acto # 3: Origen del fantajma

Mira lo que pasó. ¡Y el origen del fantajma! Como tos los vecinos del barrio ... ¡éramos pobres! Muchos no teníamos ejtufa. Y se cocinaba con leña. Nos alumbrábamos con quinqué ... ¡con lintejna! O ... ¡con velas! Nos bañábamos en el río. Y de un pocito en la orilla, sacábamos agua ... ¡pah beber y cocinar! Por eso, siempre ejtábamos ... ¡churrientos! Con llagas y lombrices ... ¡Y hajta nacíos gigantes! En los brazos, los pies, la barriga ... ¡y las nalgas!

Pah ajuyentar a los zancús ... ¡teníamos un truco! Cogíamos un balde, una lata de galletas ... ¡o un latón de manteca vacíos! Le jacíamos un roto, por el lao. Le echábamos yelba seca. ¡Le prendíamos fuego! Y encima de esa yelba ... ¡le poníamos yelba velde! Y así jacíamos ... ¡un sajumerio! Y con el jumo que salía ... ¡no quedaba ni un zancú! Tos se iban juyendo ... ¡pal carajo! Y ya... ¡no fajtidiaban más!

Como a dojcientos pasos ... ¡de aquella casita! Al lao zuldo, hay una vega. Que colinda con la carretera. Donde se juntan ... ¡la vega y la carretera! Hay una cuejta y un camino. O pah que mejor entiendas. ¡Al lao derecho de la carretera! En direjción a Yauco ... ¡Hay un palo de mangó, bien grandote! Ahí, al lao zuldo ... ¡hay un camino! En folma de r ... ¡tirando pal monte! Ese camino se origina ... ¡en la carretera! Al laíto de ese palo. Pues, en los dos laos ... ¡de ese camino! Hay varias casas. Ya al final ... ¡allá arriba! Un tantito alejá ... ¡de las otras! Había una solitaria casita. Que era habitá … ¡por una muy linda mujer! Santa, así se llamaba. Y su marío … ¡qué era gualdia!

## Acto # 4: La divina cuejta

Como Santa, cocinaba con leña. ¡Y era Navidá! Ella quería jacer … ¡unos pajteles! Pero su leña … ¡se acababa! Decidió pues, ir al monte. A bujcar, coltar… ¡y llenar su ejtacada! (lugar pah poner la leña) Ese día, se levantó tempranito. ¡Bujcó un saco y un machete! Y dejpués de desayunar … ¡Feliz y contenta, subió al monte! A bujcar la leña … ¡qué ella sabía! Que allá se encontraba. No jue … ¡qué alguien se lo dijo! No nooóh. Ni jue que le dio … ¡la corazoná! Como dice la canción. Ella … ¡ya lo sabíííaf! ¡Ya lo sabíííaf! Lo que no sabía, era la emoción … ¡Qué con toh y leña! Ya la ejperaaaba … ¡Ya la ejperaaaba!

El gualdabojques, que pah eso le pagaban … ¡Al oír los machetazos! Sigilosamente se acelcó. Y a la Santa solprendió … ¡Con el machete en una mano! Y en la otra … ¡una ejtaca! – ¡Güenos días señora! ¿Qué jace ujté, tan temprano en ejte monte? – ¡Güenos días señor! Es que yo quiero … ¡jacer unos pajtelitos! Pero no tengo calbón. ¡Y se me acabó la leña! – Señora … ¡yo soy el gualdabojques de aquí. Y ejtá prohibío … ¡coltar leña! Pero si ujté desea … ¡Sígame hajta mi caseta! Allá, yo tengo mucha. Y ujté se pue llevar … ¡toa la qué gujte!

Santa, ya más tranquila … ¡lo siguió! Mientras él pensaba: – Aaay Saaanta. ¿Quieres miiisa? ◻Al llegar al lugar le dijo: – Señora, éjta es mi casita de campo. ¡Y también, es la suya! Entre ujté por favor. Y se sienta. – Ahora, ya más tranquila y sonriente … ¡Santa miró pah tos laos! Y entró, ya sin ningún pendiente. ¡Sin mieo!

– ¿Qué le gujtaría tomar? Un poquito de café, una copita de vino … ¿O un palito de agualdiente? ¡Qué tiene sabor divino! – A mí, me gujta el café. ¡Y me fajcina el vino! Pero un palito de agualdiente ... ¡es sabroso! Y me alumbra ... ¡el camino!

Ya entre palito y palito ... ¡jue cambiando el panorama! Y antes de la primera hora ... ¡Ya ejtaban los dos ejnuítos! Jugando un jueguito ... ¡en la cama! Y toooh lo que ahí sucedió ... ¡Entre sujpiros y gritiitos! Dejde arriba, los oyó Dios. Y acá abajo ... ¡el diablo! Que tenía los ojos ... ¡abieltos! Y las orejas ... ¡bieeen paraíítas!

El tiempo pasó volando. Cuando Santa se dio cuenta. ¡Qué ya se le jacía muy talde! Se asujtó. Cogió la calga de leña ... ¡Y don Chucho se la calgó! Hajta la mijma velja. Ya al otro lao ... Santa ... ¡se la echó a la cabeza! Y dando tumbos y brinquitos ... ¡Con una enolme sonrisa! Muy pronto ... ¡llegó a su casa! Casa que ya ... ¡ya no era tan bonita! Como era ... ¡por la mañana! Antes de subir ... ¡aquella divina jalda!

Pah poder acabar ... ¡tanta leña! Y poder volver ... ¡a subir el monte! Quemó ... ¡toda la que pudo! Y el rejto la ejcondió ... ¡en un joyo, con tapujos! Ya desejperá, al telcer día ... ¡con mucho apuro! Volvió a subir al monte. No deseosa de la leña. No noooh. ¡Qué vaaah! Si noooh. ¡De don Chuuucho! Sí sííí, el señor que la cuidaba. Pues el trato que le dio ... ¡No la subió a la montaña! No noooh. ¡Qué vaaah! La subió ... ¡hajta el cucuruuucho! Y otra vez jugaron ... ¡el juego de los muchachos! Que se entregan ... ¡sin control! Y dejpués no saben ... ¡cómo evitajlo!

Así pasaban los días ... ¡Ya el marío sojpechaba! Pero don Chucho ... ¡cómo un muchacho! Que ejtá ... ¡recién enamorao! Se olvidó ... ¡de precauciones! Y hajta la mijma casa, un día ... ¡a la Santa jue bujcando! Al velse caío en pifia ... ¡se quiso inventar un juego! Pah engañar a su marío ... ¡Y poder metejle mieo!

## Acto # 5: Origen del fantajma

Bujcó una sábana blanca. ¡Pah jacer un embeleco! Pah los ojos, le jizo dos rotos. Y amarró como mangas … ¡los ejpacios de las manos! La noche ejtaba … ¡bien ojcura! Eran ya … ¡pasás las doce! Cuando de repente, el fantajma apareció … ¡Ya bajando la cuejta! Y el marío regresaba … ¡Dejpués de cumplir su gualdia!

Al notar algo raro … ¡se ejcondió silenciosamente! Y desenfundó su alma … ¡Lijto pah dijparajla! Al pasajle por el lao … ¡Apuntó a la luna! Y dijparó … ¡al aire! La bala no lo tocó. Pero el fantajma se ha dao … ¡ese santo sujto! Y se ha tirao … ¡ese santo peo! Que por poco … ¡ajfijcia al gualdia! Abrió patas … ¡a correr! Y ha desarrollao … ¡esa santa velocidá! Que se olvidó … ¡de la jodía culva! Y como un güen pendejo … ¡Cayó sembrao en la zanja! Aaay Santo Dioooos. ¡Pah qué jue eso!

El hombre que le dijparó … ¡Lo agarró por el gajnate! El fantajma … ¡pegó un grito! Y a las millas … ¡se dejhizo del dijfraz! Se lo dejó en las manos. ¡Abrió patas a correr! Con ellas … ¡emboyás en el fango! Y el gua,dia a calcajás, apuntándole a la luna … ¡Le seguía dijparando!

El fantajma, ya sin dijfraz … ¡Daba gritos que retumbaban! Más duro … ¡qué los dijparos! Pidiéndole peldón … ¡a las Ánimas! Que son las almas … ¡de los difuntos! Y desejperao … ¡corría a las millas! – ¡Párate ahí! ¡Qué te lo vu'a paltir! ¡Qué te lo vu'a paltir! ¡Párate ahí! – Le gritaba el gualdia. ¡Ya mucho más tranquilizao! Pensando que con el sujto … ¡se le peldería el camino! O se le pajmarían … ¡las ganas!

No le pudo ver la cara … ¡Polque ejtaba muy ojcuro! Pero, pah tranquilizar su ego. le jizo jurar a la dijtancia. Que se iría a vivir … ¡muy lejos! – ¡Te vas de aquí, so pendejo! – ¡Sí sííí! ¡Lo que tú digas!

Claaaro que soy eso. ¡Eso y mucho más! – Con esa promesa, le dio chance a que se juera. Por la zanja ... ¡con toh y fango! Hajta llegar al murallón. ¡Y desapareció en las tinieblas!

Mmmj. Eso era, lo que creía el marío. Pero otra cosa era ... ¡la que pensaba el fantajma! Y lo que dejpués sucedió ... ¡Eso nadien lo adivinaba! Jue que un día, pah jacer su gualdia ... ¡el marío se alejó! Y de civil el fantajma ... ¡por su casa apareció! Y sin pedir pelmiso a nadien ... ¡A la Santa se llevó!

El gualdia desejperao ... ¡no pudo aguantar la presión! Y pah aliviar sus penas. Pegó a beber ... ¡más y más ron! Y jue tanto ... ¡el que bebió! Que en una güena jumeta ... ¡En la zanja se cayó! Pero, como ejtaba tan borracho ... ¡No pudo salir por sus medios! Y como ejtaba solo ... ¡nadien lo vio caer! Pues ... ¡por la lógica del tiempo! En la zanja ... ¡se ajogó! Y el gualdabojques ... ¡ya sin mieo! Sin penas ... ¡ni remoldimientos! Con la Santa ... ¡se quedó!

**Fin**

**Moraleja:** Cuando te enamores, procura que sea ... ¡de una pelsona sola! Polque si tiene dueña. ¡O tiene dueño! Te arriejgas ... ¡a ser baliá! O baliao. A caer en una zanja. O a morir ... ¡cómo una! O como un güen ... ¡pendejo! Y no necesariamente ... ¡en una zanja! Tampoco, en un callejón. Si noh que pue ser ... ¡en la balandra! De tu propio balcón. ¿Comprendes? ¡Pues cúidate! Que de los güenos ... ¡quedamos pocos! Y si tú te vas ... ¡me quedo yo.

# Capítulo #10
# Etelna gratitú

## Acto I: Mi última visita

Apenas teníamos … Chante cuatro, yo cinco y Tunko siete años. Éramos, casi bebés de tetera. Nos habíamos mudao, jacía apenas varios días … ¡A nuejtra nueva casa, en La Uva! Cuando nos empeñamos, en ir a nuejra antigua iglesia … ¡de Media Quijá! Pero éjta a pie … ¡quedaba muy lejos! Y peor aún … ¡Un gigantejco cañaveral! Crecía ambos laos, de la carretera. Y de noche ese camino … ¡no era muy placentero!

– Vayan. – Nos adviltió Mami – Pero tengan mucho cuidao … ¡en el camino! Y se vienen … ¡en la guagua del pajtor! – Y yo que creía, que esa era … ¡la guagua del Señor! – ¡Así lo haremos! – Mami, nos echó la bendición. Y a patitas salimos … ¡pah Media Quijá! Como llegamos temprano, nos dedicamos a tirajle pedrás … ¡a un palo de tamarindos! Que hay … ¡al lao de la iglesia!

Cuando empezó el servicio, Mi amigo Chopán y yo nos sentamos … ¡al lao de dos helmanos trigueños! Tan grandes y jueltes, que parecían … ¡dos majtodontes! Que ejtaban de visita. Chopán se sentó … ¡al lao derecho de uno! Y yo me senté … ¡al lao zuldo del otro! Da la casualidá, que Chopán tenía … ¡un reloj pulsera! Y a mí ese reloj … ¡me causaba curiosidá! Por eso, a cah rato le preguntaba … ¡la hora! Y él, como no lo sabía leer, me decía … ¡cualquier dijparate! Yo se lo creía. ¡Claaaro! Si yo tampoco … ¡lo sabía leer! Así … ¡así cualquieeera!

## Acto II: Los sombreros enfondillaos

Dejpués decidimos, gajtajle algunas bromitas … ¡a los helmanos visitantes! Chopán se encalgaría, del helmano sentao a su lao. Mientras yo me encalgaría … ¡del otro! Como los dos … ¡tenían sombrero! Y los ponían en el asiento … ¡Mmmj, aquí ejtá! – Pensé. Y en mis adentros canté: – ¡Ahora sí, que vamu'a gozáh!

Cuando la hermana, que dirigía el selvicio dijo: – ¡Amaos helmanos! Ahora nos paramos … ¡de pie! Pah dedicar ejte selvicio … ¡a nuejtro Dios, toíto poderoso! Amen, aleluya … ¡Gloria a Dios! – Enseguía, tos se pararon. Y mientras oraban, Chopán y yo … ¡le pusimos los sombreros! En el mijmo sitio donde ellos … ¡ponían las nalgas!

Por eso, al telminar la oración, totalmente ajenos … ¡a la bromita! Se le sentaron … ¡encima! Aaay bendiiito. ¡Pah qué jue eso! Pooobres sombreeeros. Si cogieron la mijma folma … ¡de dos fondillos prieeetos! Santo Dios … ¡Qué folma tan ejcandalosa!

Al ellos sentir, algo ejtraño … ¡debajo de tan grandes nalgas! Se levantaron … ¡cómo un petaldo, asujtaos! Como si se hubieran sentao … ¡encima! De un clavo … ¡caliente! Chaaachos. ¡Qué vacilóóón! Cuando ellos vieron, sus pobres sombreros … ¡jechos dos plajtas! Con la folma … ¡de dos fondillos! Uno de ellos, con desejperación … ¡sacó un medio grito! – Aaay Santo Diooos. ¡Haz un milagro, por favooor! – Y con su santa calma, los medio enderezaron. Mientras Chopán y yo … ¡mirábamos pal piso! Pah aguantar las ganas. ¡Y no reírnos, a calcajás! Ja ja ja. ¡Ay Santo Dios!

En la segunda oración, ejtando paraos … ¡repetimos la bromita! A ellos, parece que se les olvidó. Polque sin mirar pah'bajo, otra vez … ¡encima se le sentaron! Aaay bendiiito. Si los pobres sombreros …

¡casi gritaron! Y enseguía … ¡se eñangotaron! Ahora sí … ¡qué daban pena! Si parecían ya, en toas sus folmas … ¡dos fondillos gigantes! – ¡Aaay Dios míío! – Ejclamó el otro – Por aquí ejtá … ¡el diablo ejcondío! ¡Repréééndelo, oh mi Señooor! ¡Repréééndelo, con tu gran podeeer! Que ya mi pobre sombrero ejtá … ¡jodííí oh mi Señooor! ¡Repréééndelo! Aleluya. ¡Gloria a Dios! (Por poco dice … ¡ejtá jodío! Que pah los aleluyas … ¡es una mala palabra!)

Mientras a nosotros, como que nos jacían … ¡cojquillas! Y ya casi, ni aun mirando pal piso, podíamos aguantar … ¡las calcajás! Ja ja ja. Ya el pecho nos dolía. Y ya, casi no podíamos … ¡ni rejpirar! Chaaachos. ¡Teníamos que enderezalnos! Pah poder liberar el aire … ¡de los pulmones! Y rejpirar … ¡aire rejco!

Aaay Dios míío. ¡Qué vacilóóón! Santo Dios … ¡Qué vacilóóón! Ja ja ja. ¡Aaay Santo Dios! Si ejcribiendo, recoldando … ¡y riendo! Del tiempo … ¡pieldo la noción! Y tengo que jacer un alto. Pah dejpués, ya más calmá la emoción … ¡seguir ejcribiendo!

## Acto III: La gran embujte

Telminá la palte devocional. Y los tejtimonios que siempre se dan, le tocó al pajtor … ¡el tujno pah predicar! Y pah desarrollar su mensaje, empezó contando … ¡una supuejta revelación! Que supuejtamente, Dios le había dao … ¡la noche anterior!

Como muy pocos, de la gente de antes … ¡ejtaban bien orientaos! En cuanto a Dios … ¡y al diablo! Que presentan … ¡los religiosos! Creían tos los dijparates, que cualquier bujcón … ¡les decía! Y juera veldá … ¡o juera mentira! Sin más ni más … ¡toooh lo creían!

Yo diría, que igualito … ¡qué ahora! Con la diferencia, que ahora … ¡no es por ijnorancia! Si noh … Güeno, mejor pregúntale … ¡a

Chávez! Pero, como él ya se jue ... ¡lee sus dijculsos! Y ya sabrás, polqué hay ... ¡tantos crédulos, fanáticos e ijnorantes! Güeno, güeno. ¡Pah que no sufras más! Te digo yo ... ¡cómo él te lo diría! Por ser pendejos ... ¡mal orientaos!

Mira cómo empezó. Pero ten presente y recuerda ... ¡Qué yo era un niñito! Que apenas tenía ... ¡cinco años! Y todavía, no había ído a la ejcuela. – Pues, mis queridos hermanos. – Él hablaba medio finodo. – Anoche mi Dios ... ¡me dio una revelación! Y yo deseo, que ujtedes. ¡Oh, mis queridos hermanos! Que ustedes mediten ... ¡Sobre cuál es, su significado!

Anoche, luego de yo cumplir ... ¡con mis deberes conyugales! Le di gracias a Dios ... ¡Y me quedé dormido! Ya a medio sueño ... ¡vi un campo! Que se extendía ... ¡a la distancia! Y a lo lejos se veía ... ¡una humilde casita! Pensando yo ... ¡Oooh, amados hermanos! En ganar un alma ... ¡para el Señor! Me encaminé ... ¡hacia aquella casita! (Mensaje sublimao. Pah con su palabrería ... ¡incitar a los incautos! A jacer lo mijmo. Y se jueran ... ¡por toh el barrio! A tirajle el anzuelo ... ¡a los pecadores! Como aquel que dijo: – Pecadores ... ¡pejcando a pecadores! – ¡Pero amados hermanos! A un lado del camino ... ¡había un gran lago! Que se veía ... ¡muy hondo! Y había muchos peces ... ¡qué brincaban! Y además ... ¡camarones, cocolías, tortugas! Oooh, hermanos ... ¡Y algunas barbudas!

Yo me detuve ... ¡a contemplarlos! En eso me di cuenta, que al otro lado del camino ... ¡había muchas vacas! Y muchos becerros, que me tapaban a la vista ... ¡Oooh hermanos míos! A la vista ... ¡de un enorme toro! Negrito, negrito, negrito. Oooh, hermanos míos ... ¡Qué negrito! Si casi brillaba ... ¡de tan negrito! En un movimiento sorpresivo ... ¡Oooh, mis queridos hermanos! Las vacas y los becerros ... ¡qué me tapaban! A la vista de aquel gran toro ... ¡se separaron! Y el toro ... ¡me vio!

¡Oooh, queridos hermanos! Cuando ese Santo Toro me vio … ¡Lanzó un gran resoplido! (La Biblia dice, que el único Santo … ¡es Dios! Pero a él … ¡eso se le olvidó! Y llamó Santo … ¡a un toro!) ¡Oooh, mis queridos hermanos! Gloria a Dios … ¡aleluuuya!

Oooh, hermanos míos en Cristo. ¡Aleluuuya! Y después … ¡de ese santo resoplido! Dio varias patadas … ¡en la tierra! Y se me abalanzó … ¡paer encima! ¡Oooh, queridos hermanos! ¡Oooh, gloria a Dioooos! Aleluuuya. ¡Oooh, Santo Poder de Cristo! ¡Alábalo, que Él vive! ¡Aleluuuya! ¡Oooh, amados míos! Cuando yo vi … ¡a ese Santo Animal! Que venía … ¡para encima de mí! Oooh, queridos hermaaanos. ¡Gloria a Diooos! ¡Aleluuuya! Abrí patas … ¡a correr! Pero, mis queridos hermanos … ¡Mientras más yo corría! Más corría … ¡el toro!

Cuando ya … ¡ese santo animal! Me iba a embestir … ¡De repente, Dios intervino! Oooh, queridos hermanos. ¡Oooh, gloria a Dios! Ese toro se ha dado … ¡ese santo resbalóóón! Que se fue … ¡de cabeza! Y dando tumbos rodó … ¡por todo el callejón! Oooh, amados hermanos … ¡Gloria a Diooos!

## Acto IV: Insulto y cajtigo

Yo, que ejcuchaba muy atento … ¡a la narración del sueño! En mi imaginación lo veía … ¡Cómo si juera real y auténtico! Al ver al toro … ¡rejbalalse! Y … ¡dando tumbos! Me he sacao … ¡esa santa calcajá! Que ejtremeció … ¡a la capilla! Y las tablas, casi casi … ¡casi se dejclavaron! Sí sííí. (Pero ten presente que dije: – casi casi! Y no … ¡qué se dejclavaron!) Chaaachos. ¡Pah qué jue eso!

Cuando el pajtor vio … ¡qué era yo! El que se reía … ¡me llamó! Quizás, ya con nosotros … ¡ejtaba molejto! Pudo ser por el reloj. O por los sombreros … ¡O solo los usó cómo un pretejto! Pienso yo …

¡Y al oír mi calcajá! Que como una bomba ... ¡ejplotó en sus oídos! Se enfureció.

– ¡Mira tú, hijo del diablo! – Me gritó dejde el púlpito. – ¡Desde que llegaste! No has hecho otra cosa ... ¡Qué jugar, molestar y fastidiar! ¿No? Si vinieron, pensando en regresar ... ¡en mi guagua! Por mi parte ... ¡se pueden ir a pie! Que en mi guagua ... ¡qué es la guagua del Señor! No se monta ... ¡ningún hijo del diablo! ¡Ven acá! Arrodíllate aquí, en el púlpito. ¡Hijo del diablo! Y ahí te quedas arrodillado ... ¡Hasta que se termine el culto!

¿Y por qué a Chopán? Quien era mi compinche ... ¿no le dijo lo mijmo, aaah? Eso es, pah que tú veas ... ¡Cómo funcionan los prejuicios! Cuando ese insulto y cajtigo, me jue dao ... ¡por un pajtor! O ... ¡mejor dicho! Por un mal llamao ... ¡maejtro! Educador, de los hijos de Dios ... Tan solo tenía yo. ¡Cómo ya antes te dije! Cinco años. ¡Cinco trijtes años! Dejde entonces, siempre me he preguntao. ¿Si a se hijo? A su hija ... ¡o a un nieto! A los cinco años de edá, le hubieran dao ... ¿semejante insulto? ¡Cuál hubiera sío! ¿Su reajción?

O mejor me pregunto. ¿Sería él, un enviao de Dios? Como él a los incautos ... ¿les jacía creer? O sería un hijo colao ... ¿O bajtaldo hijo del diablo? Ya tendrá su recompensa ... ¡Allá en el Cielo! Aunque acá, en La Tierra ... ¡se haya ejcapao!

Aquí entre nos ... ¡Yo sí creo! Que él sí, era el veldadero ... ¡hijo del diablo! Dijfrazao de pajtor. Llevando al matadero ... ¡a muchas, muchas! Muchísimas ovejitas ... ¡del Señor! Por mi palte, dejde ese día yo pienso. ¡Y me pregunto! ¿Serán así tos? O la mayoría ... ¿de los pajtores? Y pah trijteza mía, hajta hoy ... ¡esa ha sío la realidá! Que yo ... ¡he conocío!

Aún, dejpués de viejo ... ¡me he encontrado! Con esa trijte veldá. Que a la casa ajena, muchos pajtores ... ¡la quieren gobelnar! Pero la suya propia ... ¡ejtá al garete! Te recomiendo que leas... "El cieguito rejpingón". Y si aún no lo has leío, ejte otro: "El ajtuto vividor". Cuando los hayas leído, vas a comprender ... ¡qué ejto que te digo! No es un cuento. ¡Es la realidá! Pero a veces nos olvidamos ... ¡Qué un día! Tendremos que rendir cuentas. ¡No a los hombres! Si noh ... ¡al Poder Celejtial! Y a ese sí ... ¡qué no se podrá engañar!

## Acto V: Mentiras ocultas

Aaah y antes que se me olvide. Mira donde ejtá la mentira, la embujte ... ¡o la falsedá! De los engañosos pajtores. Aquellos, que pah mejorar su ego ... ¡o su bolsillo! Se cuelan ... ¡cómo enviaos de Dios! Pah que sepas de donde salió, el cuento del toro ... ¡qué jue presentao! Ése que él llamó ... ¡una revelación divina! Apareció ... ¡en un libro de chijtes!

¿Y sabes tú en qué? El toro ... ¿se rejbaló? Es noooh. ¡En la ñoña! Que el protagonista del chijte, en su carrera ... ¡juyéndole al toro, soltó! Cuando casi, casi ... ¡en el momento en que lo envejtía! Con tanto mieo, que en su carrera llevaba ejplotó ... ¡Y se embarretió!

Ya embarrá toa la cama ... ¡El toro metió la nariz! Y por la pejte ... ¡peldió el balance! Se rejbaló, se cayó ... ¡Y se jue rodando, jalda abajo! Yo me calcajié. ¡Y él pajtor me cajtigó! Pero ... ¿qué culpa tuve yo? Si jue él ... ¿el que se cagó?

O sea. Que no jue ... ¡ninguna revelación! Como él le quiso jacer creer ... ¡a los incautos! Si noh, que jue un chijte. ¡Qué antes, él leyó! Y luego lo presentó ... ¡cómo palabra divina! O revelación ... ¡de Dios! Y ahí se ocultaba ... ¡el engaño! De aquella ... ¡predicación! Y del que tan elocuentemente ... ¡él predicaba! En el que ... ¡los helmanos meditaban! Y a mí, un cruel cajtigo ... ¡me cojtó!

Pah aquel entonces, nosotros éramos ... ¡las ovejitas negras de la iglesia! Los que por cualquier tontería sufríamos ... ¡crueles cajtigos! Cuatro, cinco y siete años teníamos. ¡Cuándo esa crueldá sucedió! Pero no jue ... ¡obra del diablo! O jue ... ¿qué el diablo lo usó? Mmmj. ¡Quién saaabe!

Antes de telminalse el selvicio ... ¡me levanté del púlpito! Y me volví a sentar. Ya Chopán ... ¡jacía mucho tiempo! Que se había sentao ... ¡en el mijmo asiento! Donde antes ejtaba. Los dos visitantes, al velme de regreso ... ¡sonrieron! Quizás resijnaos, en folma de saludo. ¡O compasión por mi cajtigo! Quién saaabe. Polque, que yo sepa ... ¡A nadien se lo contaron! Seguro que noh. Polque no querían que de ellos ... ¡nadien se riera!

Cuando se pusieron de pie ... ¡Pah jacer la última oración! Le jice una señal a Chopán. Aprovechamos que ejtaban orando. Y le volvimos a poner ... ¡los sombreros! Al telminar la oración ... ¡ellos los agarraron! Y sonriendo, nos miraron. Uno, con su mirá ... ¡de media lao! Cantó: – ¡Fallaaajtes corazón, fallaaajtes! – Y el otro preguntó: – ¿Quién viiive? – Muchos a coro rejpondieron: ¡Criiijto! – ¡A su nooombre! – ¡Gloooria! – Y a su gloooria! ¡Más gloria, helmanos! ¡Más gloooria! ¡Dios me los bendiga a tos!

El pajtor ... ¡pah no quedalse atrás! Gritó: – ¡Mis queridos hermanos! Daos la mano ... ¡con ósculo santo! – Como si él juera ... ¡un viltuoso! Enviao del cielo. Y mientras tanto, yo pensaba en la canción: Fallaaajtes corazóóón, fallaaajtes. – Pero no creía. ¡Ni pensaba! En la amenaza del pajtor. ¿O sería, que se me olvidó? Mmmj.

## Acto VI: Una triyita en quitrín

Al telminar el selvicio, nos juimos Chopán y yo ... ¡al cajón de la guagua! A ejperar por los demás. ¡Ni remotamente pensando! Que el pajtor cumpliría ... ¡su diabólica amenaza! Ejto sí, te pueo asegurar. ¡Los que sí lo conocían! Sabían que él era capaz de eso. De eso ... ¡y de mucho más! Por lo que un helmano de la iglesia ... ¡qué tenía un quitrín! Que es un carro ... ¡de un solo caballo! Le pidió a Tunko que nos bujcara ... ¡a Chante y a mí!

Sabiendo él del riesgo, de andar solos a esa hora ... ¡por ese camino! Él nos llevaría, de regreso a casa. Tunko, que ejtaba bien preocupao. Polque el cajtigo ... ¡sería pah los tres! ¡Infinitamente se alegró! Y corrió a bujcalme. Jacía algunas semanas, que ese pajtor le había dicho: – Tú tienes un demonio! Y yo, como el ungido de Dios ... ¡Lo puedo ver haciendo muecas! Escondío ... ¡detrás de tu oreja! – Pobre Tunco ... ¡vivía asujtao! Atemorizao ... ¡de tan divino pajtor! Le tenía ... ¡mucho terror!

Por eso, la ofelta del helmano León, le cayó como del cielo ... ¡cae un regalo! Nosotros, regresaríamos en el quitrín. Mientras su mujer regresaría ... ¡en la guagua del Señor! ¡Embujtes, mentiras! ¡No es veldá! Se iría ... ¡en la guagua del pajtor! Que no es lo mijmo. ¡Ni se ejcribe igual! Oye, como si el Señor necesitara guaguas, balcos, aviones, helicójteros ... ¡O cohetes! Pah mover la gente ... ¡de un lugar a otro!

¿No caminaba Él, a pie por el desielto? Acompañao ... ¿de mucha otra gente? Va en una guagua ... ¿a pasiar a los de acá? En tan güenos caminos ... ¡pah caminar a pie? Así, que el que te diga: – Éjta es ... ¡la guagua del Señor! – ¡Miente! ¡No le creas! No noooh. Polque cuando dice ... "del señor", se refiere ... ¡a él mijmo, a su propia pelsona! Y noooh. ¡Al Señor del cielo!

Es güeno que ejtés alelta. Pues con sus palabrerías ... ¡ejtá amolando su jacha! Bujcando engañalte. Y te ejtá tirando ... ¡un anzuelo! Sin decilte ... ¡qué es un pejcador! Y mucho menos, que es ... ¡un lobo ejtafador! Vejtío de mansa oveja ... ¡Bujcando cómo ejtafarte! Y si puede ... ¡robalte! Hajta llevalte ... ¡a la quiebra!

Volviendo al cuento: – ¡Qué chééévere! Yo, que nunca me había montao ... ¡en un quitrín! Llegamos a casa ... ¡felices y contentos! Y muy agradecíos por la trillita. Pero en el camino, jicimos un juramento: – Nunca más ... ¡ir a esa iglesia! Por lo cual ésa jue ... ¡nuejtra última visita! A la iglesia de Media Quijá. Hajta hoy ... ¡sesenta y nueve años dejpués! Todavía ... ¡la ejtoy cumpliendo! No es, que sea rencoroso. ¡No nooh! Si noh ... ¡polque no lo apetejco! Y me dan ejcalofríos ... ¡Cada vez que lo pienso!

## Acto VII: Víjtimas de represión

Como tres o cuatro semanas dejpués ... ¡vimos al helmano León! Por las pueltas de nuejtra nueva iglesia ... ¡en La Uva, entrando! Nosotros muy alegres ... ¡lo saludamos! – ¡Helmano León! ¡Qué alegría de vejlo! ¿Qué lo trae por aquí? ¿Ejtá de visita? – ¡No nooh, helmanitos! Me vine pah acá ... ¡pah toa la vida! – Pero ... ¿por qué se vinieron? – Oh, lo que pasó jue ... ¡Qué cuando el pajtor supo! Que yo los había traído ... ¡Entró en cólera! Y como a dos bolsas, a nosotros también ... ¡nos botó!

– Y eso, que es el pajtor ... ¡qué supuejtamente Dios nos dio! ¿Será eso veldá? Eso de que Dios ... ¿lo puso de pajtor? Pah alimentar y cuidar ... ¿a sus ovejitas? ¿Y por ahí no dicen? Que Dios ... ¿nunca se equivoca? Entonces ... ¿cómo se ejplica eso? – Aaay helmaniiito ... ¡antes que pajtor! Quizás sea ... ¡un lobo vividor! Vejtío como una obeja! Pero eso, hay que dejálselo ... ¡a Dios! Quien es ... ¡nuejtro salvador!

## Acto VIII: La recompensa

Pasaron ... ¡cómo quince años! Hajta que un día, Tunko ejtaba conjtruyendo ... ¡su casa! Y se apareció por ella, el helmano León ... ¡con una carretilla! Y comenzó a llenajla de arena. Luego, sacó su billetera ... ¡Pah pagajle por ella! Pero Tunko sonriendo le dijo: – Helmano León ... ¡coja esa! Y toa la arena ... ¡que ujté necesite! Y no me tiene que pagar nah, por ella. Jace ya ... ¡muchos años! Que ujté me pagó ... ¡por adelantao! ¿Se recuelda de la vez? ¡Jace ya ... ¡mucho tiempo! Que el pajtor de Media Quijá ... ¿nos dejó a pie? Jue ujté, el que nos trajo ... ¡en el quitrín! ¿Se recuelda?

– Ese favor que ujté nos jizo, ejtá todavía ... ¡aquí vivito! Latiendo en mi corazón. Y por más, que yo pueda jacer por ujté ... ¡Nunca será suficiente! Aquel favor no tiene precio ... ¡ni límite de tiempo! – ¡Gracias! ¡Muchas gracias helmano Tunko! Si ya yo ni me acoldaba ... ¡de aquella noche! Pues si es así, muchas gracias ... ¡por tus palabras! Que Dios ... ¡te bendiga! – ¡Amen, helmano León! Y que a ujté también ... ¡lo bendiga Dios!

Ambos se dejpidieron. Él regresó a su casa. Y Tunko jue ... ¡a la mía! A contalme lo sucedío. Luego, yo le di cajco ... ¡al asunto! Y me dije a mí mijmo: – ¡Es veldá! Los favores, que se les jace a los niños ... ¡no mueren! Si no ... ¡qué pelmanecen pah siempre! En nuejtra mente ... ¡y nuejtro corazón! Que Dios bendiga ... ¡al helmano León!

## Acto IX: Dejpedía de un amigo

Años dejpués, el helmano León le devolvió su alma ... ¡a Dios! Quien por muchos años ... ¡se la había prejtao! Nosotros, mucho lamentamos ... ¡su paltía de ejte mundo! ¿Y el pajtor de Media Quijá? Mmmj. ¿Ese? ¡Ese nunca cambió! Y aún en su vejez, siguió siendo ... ¡implacable! Un déjpota ... ¡y cruel dijtador! Siguió botando ...

¡al más lindo! O al más feo. El que juera ... ¡se iba pal mundo! Y dejpués, muy achongao ... ¡regresaba! Así de lavaos ... ¡les tenía el cerebro! ¿O sería, que por allá? ¡No había otras iglesias! Mmmj. ¿Quién pue comprender? La mentalidá ... ¿de los seres humanos? Si ni aún los sicólogos ... ¡qué se pasan ejtudiándola! Han podío dar ... ¡con la clave! Y la siguen bujcando ...

Quizás, cuando nosotros también ... ¡paltamos pah la otra vida! Allá nos volvamos a encontrar, el pajtor ... ¡vejo gruñón! El helmano León ... ¡y nosotros! Aaah, si allá nos reconociéramos! Los unos a los otros ... ¡Qué güeno seríííа! Seguuuro. Polque al yo ver ... ¡al viejo gruñón! Le podría decir: – ¿Ya ujté ve, pajtor gruñón? ¡Lo equivocao! ¿Qué ujté vivió? Y los tantos malos ratos ... ¡qué nos jizo pasar! ¿Pah qué? ¿Pah sentilse impoltante? ¿Un toooh poderoso?

– ¡Aaay bendiiito, pajtor! Si al fin y al cabo ... ¡tos ejtamos en el mijmo lao! Del mijmo edificio. En el mijmo piso ... ¡y en el mijmo salón! Usamos el mijmo baño, la mijma cocina ... ¡Y comemos, en los mijmos platos! Usamos ... ¡la mijma ropa! Subimos y bajamos ... ¡por el mijmo elevador! Y hajta vemos, el mijmo canal ... ¡de la televisión! Comemos las mijmas saldinas ... ¡Y hajta las mijmas chuletas! Los mijmos mujlitos, alitas ... ¡y mollejitas de pollo!

– Pero aquí ... ¡no mandas naaah! Ni mandas ... ¡a nadien! Aquí síííí. ¡Qué tos somos iguales! ¿Y por qué ahora? ¡Al velnos! ¿Bajas el moco? ¿Te avelgüenzan tus jechos? Ya ves ... ¡Ejtabas equivocao! Y ejtando yo aquí ... ¡Y viéndome a cada rato! Ya no me pues llamar ... ¡hijo del diablo! Aaah no síííí. Polque si te pones guapo ... ¡Y lo intentas! Llamo a Papá Dios ... ¡qué ejtá aquí al lao! Pah que venga y te meta ... ¡una güena patá! En el mijmo sitio, donde antes ... ¡tenías el rabo!

## Acto X: Un paseíto por el Paraíso

Oye, cuando Tunko, Chante yo … ¡y el helmano León! Nos encontremos allá … ¡en el Paraíso! Aaah. ¡Qué chééévere! Allá juntamos chavos. Y entre los cuatro … ¡compramos un quitrín! De modelo … ¡Angelical! Y dos caballos … ¡de color dorao! Con la cola y la crin … ¡bien blancas! Y muy bien acicalaos. Con herraduras y bridas de plata … ¡bien brillosas! Que suenen … ¡cómo música celejtial!

Dejpués … ¡nos vamos de turijtas! A dar vueltas … ¡por las avenías! Del Paraíso … ¡Celejtial! Y por sus playas … ¡Con sus olas y marullos! Tos jechos … ¡de oro y crijtal! Aaah, ¡Qué chuleríía! Eso sí. Tenemos que tener … ¡muuucho cuidaaao! Sí síí. Polque esas calles … ¡son tan suavecitas! Que rejbalan más … ¡qué el aceite mojao! No sea … ¡qué dejpués de mueltos! Nos volvamos … ¡a matar! Pero allá no hay … ¡ninguna funeraria! Pah que nos vallan … ¡a lloraaar! Ni nadien que nos diga: – Aaay bendiiito. ¡Se volvieron a mataaar!

Es posible, que por esos caminos… ¡nos encontremos! Con el viejo gruñón … ¡de Media Quijá! A pie … ¡pidiendo pon! Pero, como en el quitrín, tan solo cabemos … ¡nosotros cuatro! Y él es … ¡tan feo! Tan alto, tan goldo … ¡Y tan pesao! Reducimos la velocidá. Lo saludamos … Y le medio gritamos: – ¡Viejo gruñón! ¡No seas maseeeta! ¡Compra una guagua! ¡Pah que queeepas! Y la pagas … ¡con tus propios chaaavos! ¡Sin qué a los helmanos! Le tengas que pedir … ¡limooojna! Dejpués que allá en la Tierra … ¡tanto los ejplotaaajtes!

Digo, si los cinco llegamos … ¡al Paraíso! Sí síí, polque hay tanta gente … ¡jaciendo tujno! Y son tan poquitos … ¡los asientos! Güeno, güeno … ¡por fe! Aunque con fe, pan y chocolate … ¡Y demás aperitivos! Si no sabes nadar … ¡Te vas a pique! Y no precisamente … ¡pal Paraíso! ¿Comprendes? Así es, que debes tener … ¡toa ejta información, presente! Pah cuando llegue tu día … ¡Puedas decir! Como aquel que dijo: – He telminao la carrera. ¡He ganao la batalla! Y he gualdao … ¡la fe! Por lo tanto, una corona … ¡me ejpera!

Procura … ¡qué no sea! Una corona … ¡de ejpinas! Como a Crijto. ¡Qué aun siendo inocente! Con una … ¡de ejpinas! Jue coronao …

**Fin**

**Moraleja:** Antes de ser pajtor. Debes prajticar … ¡siendo oveja! Así, aprenderás a reconocer … ¡las juelzas y las debilidades! De tus semejantes. Y podrás mejor aprender … ¡a enseñar! Sin que se te suban … ¡los jumos! Y te creas a ti mijmo … ¡muy grande! Y te llegues a considerar … ¡un potentao! Y tires por el barranco … ¡A aquellos! Que aún … ¡ejtán aprendiendo! Y siempre recuelda … ¡Qué por cah uno! Que por ti … ¡se pielda! ¡Un día! Tú a Dios, le tendrás … ¡qué rendir cuentas!

**Nota**: Si quisieras saber, si ejta hijtoria … ¡es auténticamente cielta! O es falsa … ¡Te invito! Ven a Guayanilla. Te das un paseíto … ¡por La Uva! Y como de aquí, es muy celquita … ¡Vas a Media Quijá! Y por allá también … ¡te das otra vueltita! Y preguntas.

Te lo sugiero. Polque éjta … ¡es una hijtoria! Que parece … ¡irreal! Como sacá de un libro … ¡de fantasías! Como esas … ¡de "Las mil y una noches"! Con la diferencia. ¡Qué éjta sí, jue real! Y aún quedan … ¡muchos tejtigos! Que pueden dar tejtimonio … ¡De las veldades! Que ejta hijtoria … ¡encierra!

# Capítulo #11
# La casa de doña Otilia

Doña Otilia era, una señora de chavos. Entre sus posesiones, tenía una casa … ¡muy grande y bonita! Que ejtaba pintá … ¡de blanco y azul! Y tenía las ventanas … ¡bien adolnás! Con sus coltinas … ¡multicolor!

Ahora esa casa … ¡tiene otro dueño! Pero en sus alrededores, sigue siendo … ¡cómo antes jue! En el batey hay … ¡muchas y helmosas plantas! Con flores … ¡de muchos colores! Y de dijtintos tamaños. Su variedá … ¡es muy grande! Hay multitú de ejpecies … ¡en su composición!

Cientos de mariposas … ¡grandes, pequeñas y chiquititas! De muchos colores … ¡madrugan a chupar! El delicioso néjtar… ¡en tan helmoso jaldín! Y tan olorosas flores. Los pajaritos se posan … ¡sobre las abundantes ramas! De los muchos álboles y albujtos … ¡qué crecen a su alrededor!

Cuando se pasean por la grama … ¡corren dando brinquitos! Bujcando semillitas, insejtos … ¡o gusanitos, pah dijfrutar! Y poder saciar … ¡su pequeño ejtomaguito! Y se daban … ¡un güen jaltón! Doña Otilia siempre usaba … ¡variaos y dijtintos envases! Pah ponejles … ¡agua y comía! A tan lindos pajaritos. Por las mañanas y por las taldes. Y a veces … ¡al mediodía!

¡Con cuánta helmosura, se veía toíto! El patio, los albujtos, las flores, las mariposas … ¡y los pajaritos! Cantando, volando … ¡y dando brinquitos! Comiendo y bebiendo … ¡Con su gran algarabía! Como jacen los niñitos … ¡cuándo juegan! O cuando se jacen … ¡maldades!

Toíto, toíto … ¡toíto era! Un conjunto … ¡de belleza! Daba gujto recrear la vijta … ¡En tan helmoso panorama! Y yo … ¡en aquel tiempo! Al contemplajlo pensaba: – ¡Aaay caraaamba! Si así de linda … ¡juera la mía! ¡Qué dichoso! Feliz y contento … ¡yo viviríía!

Sin pensar que allá … ¡En la que yo creí! Que era … ¡mi pobre casita! Toooh lo tenía. Anque pah ese entonces … ¡yo no lo comprendía! Ni tampoco sabía … ¡qué aquella casita! Qu tanto … ¡yo quería! Nunca, nunca nunca jue … ¡mía! Ni mucho menos … ¡qué de ella! Pah siempre … ¡una talde me botarían! Sin saber la razón … ¡Ni el por qué seríía! Santo Dios … ¡Abe Maríía!

**Fin**

**Moraleja:** Aunque lo ajeno … ¡parejca mejor! Nunca será superior … ¡A lo que es tuyo! Polque lo que es ajeno … ¡tú nunca lo podrás dijfrutar! Polque tiene otro dueño. ¡Peltenece a otros! Pero lo que es tuyo … ¡Es tuyo! Y de nadien más. Aunque a veces … ¡uno vive soñando! Y realmente … ¡no tiene naaah!

# Continuación: 11 de abril de 2017

El otro día conocí … Y ejtuvimos platicando … ¡con Ejtefanía! Ella es la nieta, de la antigua dueña … ¡de esa casa! Durante la convelsación, nos mencionó familiares. ¡Y a muchas otras pelsonas! Que dejde niños … ¡ya nosotros conocíamos! Polque trabajaban en la Central, el cañaveral … ¡o en La Quinta! Como nosotros, a esa casa le llamábamos. Que por cielto es un nombre … ¡muy diferente! Al nombre … ¡con que ella la conocía!

Durante la conversación, ella nos contó … ¡muchas y muy interesantes anéjdotas! De su niñez. Y cuando ya creció … ¡De sus tiempos de ejtudiante! Siento mucho, no poder compaltir detalles. Y menos … ¡mencionar nombres! Es que uno nunca sabe … ¡Por dónde! O dejde donde … ¡puede reventar! Un doloroso chichón. Que dejpués … ¡nos dejmadre la vida!

Ahora sí, les puedo decir … ¡Qué me encantó conocejla! Que dijfrutamos mucho … ¡de tan amena conversación! Y recoldé … ¡muchos días de mi infancia! Cuando pasaba … ¡por los alrededores de esa casa! Que íbamos a la bahía … ¡a pejcar! En la salición … ¡a coger jueyes! A dejyelbar … ¡o a picar caña! A veces, pah coger jueyes, íbamos por ahí … ¡a almar las trampas!

Son … ¡nojtálgicos días! Y muy gratas memorias. De esas, que como dice la canción: – ¡Jamás podré olvidar! – Polque son pasajes … ¡en nuejtra vida! Que contribuyeron … ¡en la folmación y desarrollo! De nuejtra identidá. Dejde nuejtra infancia … ¡y nuejtra mocedá!

### Fin

**Moraleja:** A veces, nos quejamos de la pobreza. Durante los años … ¡de nuejtra niñez! Y nos olvidamos de la gran riqueza … ¡qué ella encierra! Sí sííí, polque nos enseñó … ¡a superalnos! Pah no volver a vivir … ¡cómo aquel ayer! Pero siempre recoldando, que gracias … ¡a aquellas privaciones! Y aquellos sufrimientos … ¡Vivimos una vida! Llena … ¡de grandes ejperiencias! Que durante nuejtra infancia … ¡y nuejtra adolejcencia! Desarrollamos …

Vida … ¡qué es incomparable! A la vida … ¡güeca y vacía! Poco ejtimulante … ¡de hoy! Con mucha tejnología, muchas facilidades … ¡Pero sin nah! Que nos enseñe a compaltir … ¡ni a dijfrutar!

Como aquellas ejperiencias, de aquellos nojtálgicos tiempos ... ¡ya vivíos! Aquellos tiempos ... ¡qué no volverán!

Jue una vida ... ¡llena de colorío! Pues nos dejó ... ¡grandes reculsos emocionales! Que podemos compaltir ... ¡con amigos y familiares! Y hajta pah ejcribir ... ¡un güen libro! Inmoltalizando así ... ¡quiénes somos! Y quienes juimos ... ¡Dónde ejtamos! Y ... ¡de dónde vinimos! Dejándole a las nuevas generaciones ... ¡los conocimientos y la ejperiencia! Pah enseñajles a crear ... ¡su propio dejtino! Y no ser parásitos ... ¡de la sociedá! En la que hoy ... ¡vivimos!

# Capítulo #12
# El milagro de una Enema

Éjte era un vecino, que vivía al lao abajo ... ¡de casa! Pero ejte señor ... ¡quería ser muy lijto! Y trataba, de coger de zángano ... ¡a toh aquel! Que por la suya ... ¡se arrimara! Nosotros, que no teníamos otro mejor sitio ... ¡dónde ir! Siempre telminábamos ... ¡barriendo su batey! O arrancando yelbas. Y cuando menos, ayudándole a arreglar ... ¡las gomas de su cacharro! Que era ... ¡un carro viejo! De esos qué se caen ... ¡en cantos!

Sucede que siempre Mami ... ¡nos leía cuentos! Y un día nos leyó ... ¡el del leñador! Que quería amolar ... ¡su jacha! Yo até cabos. Y me di cuenta ... ¡Qué muchas veces! Con su zalamería, el vecino ... ¡amolaba la suya! – Ajáh. – Pensé – ¡Te vas a fajtidiar! Ya tú verás. – Y pasaron algunas semanas. Hajta que cayó ... ¡un güen aguacero! Y a mí se me ocurrió ... ¡Cogejlo de pendejo! (Palabra favorita, de mi amigo ... ¡Hugo Chávez! Nombre que muchas veces leerás ... En éjte ... ¡tar interesante libro!)

¡Y creció el río! Nosotros ejperamos ... ¡tres días! Hajta que el agua se viera ... ¡bajtante clara! Entonces, juimos a su casa. Dejpués, de ayudajle a jacer ... ¡algunas chucherías! Lo invitamos a bañalnos. Y a nadar un rato ... ¡en el río! Él invitó, a sus dos hijos varones. Y nos juimos muy contentos ... ¡pah dijfrutar de la chalca! Una vez llegamos, a la que hay ... ¡en el recodo del Eléjtrico! Que antes jue ... ¡de Chencho! Tos nos tiramos al agua.

A mí se me ocurrió … ¡jacer una apuejta! No pah ganajla, si noh … ¡pah tirajle un anzuelo! – ¡El que más arena fina! Saque del fondo … ¡con la boca! Es … ¡el campeón! – Pero la posa era jonda. Y la corriente del río … ¡era juelte! Había que nadar … ¡y sambuyilse! En contra de la corriente. O jundilse de cabeza. ¡Qué es lo mijmo!

Lo profundo y rápido, pah nosotros … ¡no era problema! Polque ya … ¡nos habíamos puejto de acueldo! Contamos hajta tres. Y tos a la vez … ¡nos sambuyimos! Nosotros jicimos el aguaje. Pero el vecino quería ganar … ¡la dichosa apuesta! Y en la boca se echó … ¡tanta arena! Que se ajogó … ¡con ella! Y por más, que trató de evitajlo … ¡Aaay Santo Dioooos! Siempre se tragó … ¡casi la mitá de ella! Y alguna se le metió, por entremedio … ¡de los yentes pojtizos!

Sí sííí, de un puente que tenía. ¡Con tan mala suelte! Que al intentar limpiajlo … ¡se le cayó al agua! Y lo ejtuvimos bujcando … ¡Hajta que casi casi! Casi cayó … ¡la noche! Por suelte, lo encontramos … ¡Cúando ya arrajtrando! Se lo llevaba … ¡la corriente! Y en la ojcuridá, con un rayo de la luna … ¡enseguía brilló un yente!

Dejpués él mijmo … ¡se proclamaba campeón! No por la arena … ¡qué se tragó! No noooh. Si noooh, por la que sacó … ¡con la boca! Y nosotros … ¡nos reíamos! Por él ganar … ¡tan tremenda apuejta! Al otro día se folmó … ¡un salpahjuera! Sí sííí. ¡Un soberano problema! Cosa que yo imaginaba. ¡Pero nadien presentía! Jue que tragó … ¡tanta arena! Que por la noche … ¡el ejtómago se le revolcó! Y con tanta arena … ¡qué tragó! Aaaay bendiiito. ¡Se le tapó el mofle!

Dejpués, por más que pujó … ¡La arena se resijtía! Y por su trololó … ¡no se asomaba! No jue … ¡hajta que en el hojpital! Le pusieron … ¡una enema! Ya con ella … ¡se le aflojó el tapón! Y lo dijparó de sopletón … ¡derechiiito en la ejcupidera! (Sí sííí, polque recuelda. ¡Que antes, no había inodoro!)

Dejde entonces … ¡por más agua en el río! O por más clara … ¡qué se viera! Nunca más … ¡se volvió a bañar! A nadar … ¡ni a tragar arena! Es que no quería, volver a pelder … ¡sus yentes! Ni que le pusieran … ¡otra enema! No noooh. No por el dolor. Si noh, polque dejpués … ¡le gujtaba! Ja ja ja … ¡Qué clase de campeón, carajo! Un campeón así, no llega … ¡hajta la La Playa! Y mucho menos … ¡al Faro!

**Fin**

**Moraleja:** Cuando quieras apojtar … ¡Procura que sea! Una apuejta güena. No sea … ¡qué salgas tapao! Y no te pueda salvar … ¡Ni siquiera! Una güena, aunque dolorosa … ¡enema!

# Capitulo # 13
# Piedras y ejcudos

## Acto I: Pelea titánica, por un juey

Toooh empezó, cuando Chante pelió ... ¡con Bolito! Creo que jue ... ¡por la posesión! De un juey vizco. Que ambos ... ¡se dijputaban! – ¡Aaah Chante! Te lo dejajtes quitar ... ¡Qué bien zángano tú eres! – Lo cucó Jacinto – ¡El zángano es él! ¡Qué se lo jalte! – Rejpondió Chante, disimulando la rabia. – ¡Mira, so pendejito! ¿Qué es lo tuyo, aaah? ¿Quieres una güena pejcozá? – ¡Pendeja será tu májter! So hijo ... ¡de la gran punzá! (Palabras que nosotros usábamos ... ¡Pah evitar otras peores!)

Ya presintiendo la pelea ... ¡Tos jicimos rueda! Tendríamos un "show" ... ¡de gratis! A cojta ... ¡de Bolito y Chante! Y otra vez, Jacinto ocupó el lugar ... ¡del agitador! – ¡El primero que me pise el pie ... es el más guapo! – Ejta vez Bolito, no se dejó enfriar. Y de un brinco, le ha dao ... ¡ese santo pisotón! Que lo jizo bailar, cantar y tocar conga ... ¡del gujtito! Sin tener que salir ... ¡de aquel enjueyao lugar! – ¡Marrayo palta, so dejgraciao! Te dije ... ¡qué me pisaras! No qué me patiaras ... ¡so caballo! – Y disimulando el dolor ... ¡loco por vejlos peliar! Dijo: – ¡Mira Chante! Bolito te ganó. Él es ... ¡más guapo que tú! – Ganó polque ejtaba ... ¡más celca de ti, que yo! Pero ya ... ¡tú verás!

Disimulando ... ¡ejtar tranquilo! Se acelcó a Bolito. Y sin que éjte ... ¡pudiera jacer nah! Pah defendelse ... ¡Le ha metío! Ese santo e'puño ... ¡por entre el chicho de la nariz! Y el ojo derecho ... ¡Qué

Bolito ha pegao! Ese santo grito de dolor ... ¡tan duro! Que rebotó ... ¡en la caña! Y soltó ... ¡esa santa maldición! Que todavía ... ¡la ejtán bujcando! Imagínate ... ¡qué santa! Sí sííí. Polque pah aquellos tiempos ... ¡las patás, los puños, las bofetás! Los moldijcos ... ¡y toooh! Lo que se saliera ... ¡de lo nolmal! Toooh era santo. Tos los ejtremos ... ¡eran santos! Ahora es, que por habelse ... ¡multiplicao la maldá! Tos son malos. Por eso es ... ¡qué duelen tanto! Figuuurate. Ja ja ja.

Pues, como te iba diciendo: – De la solpresa ... ¡tos nos quedamos mudos! Nunca habíamos vijto a Chante ... ¡peliando! Y no teníamos ... ¡ni la más mínima idea! De como él riajcionaría ... ¡al agitamiento! Y sin ejperar ... ¡a que Bolito se repusiera! De tan soberano bimbazo ... ¡Siguió metiendo cañá! Eso jue ... ¡pejcozá vah y pejcozá viene! ¡Puño vah y puño viene! Hajta que por pendejo ... ¡Chante se enredó en un matojo! Y como una plajta revolcá ... ¡se cayó al suelo!

Ahora sí, que le tocó el tujno ... ¡a Bolito! Chaaachos. Eso jue ... ¡puño vah y puño viene! ¡Bofetá vah y bofetá viene! Hajta que los dos .... ¡ejtaban tan ejmolíos y cansaos! Que ya ... ¡no se podían mover! Ni siquiera ... ¡pah tiralse un peo! Imagííínate. Entonces los dos, de mutuo acueldo ... ¡se separaron! Y se sentaron ... ¡en la orilla de la zanja! Donde vivían los jueyes. ¡Por los cuales, ellos peliaban! De vez en cuando ... ¡se echaban agua! En los lugares ... ¡apolijmaos! Jue que quedaron ... ¡tan ejtropiaos! Que daba pena ... ¡mirajlos! Aaay bendiiito.

## Acto II: Plan de guerra

Al rato, los dos grupos ... ¡se separaron! Cada cual se apaltó ... ¡por su camino! Los seguidores de Bolito ... ¡pah Las Palcelas! Y nosotros con Chante, por el otro lao ... ¡pah casa! Cada uno, contándole la pelea ... ¡a los otros! Como si ellos ... ¡no la hubieran vijto! Caaaramba. ¡Qué novedá!

– ¡Éjto no se queda así! Prometió Chante. – Esos dejgraciaos de Las Palcelas ... ¡se creen muy guapos! Pero nosotros no somos ... ¡ningunos eñangotaos! Mira Chante: – Le dije. – ellos son muchos. Y nosotros ... ¡nah más que cuatro! Sí,síí. Polque Bully ... ¡es chiquitito! Y pah él, puede ser ... ¡muy peligroso! Ahora, pensándolo bien. Nosotros tenemos, una gran ventaja ... ¡sobre ellos! Primero, no tenemos que ir ... ¡a Las Palcelas! Pero ellos tos los días, tienen que pasar ... ¡frente a casa! Nosotros vivimos ... ¡al lao arriba! Y bajando ... ¡hajta los mojones corren!

– ¡Vamos a preparar un plan! – Seguí dándole cajco ... ¡a la imaginación! Y los velamos ... ¡cuándo pasen. A ver ... ¡si de una güena pedrá! A uno de ellos ... ¡se le caen los calzones! Dejde hoy, le declaramos la guerra ... ¡a los títeres de Las Palcelas! Así que a preparalnos ... ¡pah nuejtro primer combate! Vamos a jacer ... ¡lo siguiente! Conseguimos latas de galleta. ¡Las llenamos de piedras! Y las ponemos, al lao de nosotros. Dejpués, jacemos ejcudos ... ¡con tapas de dron! Y le ponemos una agarradera ... ¡en el medio! Y ya verán ... ¡esos guapetones! Quienes de veldá, son los que tienen ... ¡calzones! En ejta bendita tierra ... ¡de jueyes y camarones!

Varias horas más talde, ya los ejcudos ... ¡ejtaban lijtos! – Ahora ... ¡a bujcar latas y piedras! Y a ponejlas ... ¡en un güen sitio! Uno que sea güeno .... ¡Pah cuando empiece la guerra! Podejlas agarrar. Y sin mieo ... ¡bombiajlas pah'bajo! Sin tener ... ¡que pujar! – Y como en casa ... ¡de btooh faltaba! Pero las piedras ... ¡se sobraban! En poco tiempo recogimos ... ¡muchas más! De las que se necesitaban. Ya solo nos faltaba ... ¡la pandilla enemiga! Pah empezar, la primer ... ¡gran batalla!

Ya lijtos ... ¡nos sentamos a ejperar! Sabíamos, que jueran los helmanos. ¡O jueran los papás! Trabajaban ... ¡en el colte de caña! O ... ¡en la mijma Central! Y como no había ... ¡otro camino! Tenían que por obligación ... ¡por ahí pasar! Y peor pah ellos ... Polque no sabían del sujto ... ¡Qué se iban a llevar! Al pasar frente a nosotros ... ¡Por completo los ijnoramos! Y ellos a nosotros, cmo si no ejtubiéramos ... ¡ahí paraos! Indiferencia ... ¡total! Y aunque parejca raro, ese era ... ¡nuejtro plan! Pues al regreso, ya ejtarían ... ¡más cansaos! Y ya, sin mucha prisa, la guerra duraría ... ¡muchísimo tiempo más! Y eso sí que era ... ¡lo qué más queríamos! Una guerra ... ¡prolongá!

## Acto III: Lijtos pal ataque

Por fin, llegó el momento ... ¡tan ejperao! Ya a la dijtancia ... ¡los podíamos divisar! Arrimándose al celcao, sin que ellos ... ¡supieran naaah! – ¡Ahí vienen! ¡Ahí vienen! Cada cual ... ¡a su lugar! Y recuelden. A mi señal, a bombiar piedras ... ¡pah'bajo! Que pah'rriba ... ¡con toh lo que puedan! Ellos a nosotro ... ¡nos van a tirar!

Al acelcalse al murallón ... ¡Di la señal de ataque! – Lijtos ... ¡fuego! – ¡De súbito! Comenzaron a llover ... ¡piedras! Al ser solprendíos ... ¡soltaron las fiambreras! Y en rivelsa corrieron a bujcar ... ¡sus propias piedras! Por suelte pah ellos, frente a casa ... ¡había una vía! Por donde pasaba el tren ... ¡qué calgaba la caña! Y podían recoger, cuantas piedras les diera ... ¡su real gana!

Tan pronto ... ¡juntaron algunas! Tos a una ... ¡con toas las que ya tenían! Se nos jueron ... ¡pah encima! Por suelte pah nosotros. Nuejtra posición nos daba ... ¡mucha ventaja! Ellos tenían que pujar ... ¡Pah tirar piedras, pah arriba! Mientras que nosotros, nah más teníamos ... ¡qué soltajlas pah abajo! En folma ... ¡de bombitos! Que se pasiaban por el aire, hajta dónde ... ¡ellos ejtaban! Y teníamos a nuejtros pies, un montón ... ¡de piedras almacenás!

Ahora miren ... ¡o imaginen! Lo que pasó ... ¡En esa, tan cruenta guerra! Con las piedras que conseguían ... ¡se arrimaban! Echaban una maldición, pah dejpués bombiajlas ... ¡pah arriba! Pero, con el mieo que tenían ... ¡Peldían la puntería! Y en su desejperación ... ¡las piedras no llegaban! Y si alguna se asomaba ... ¡Los ejcudos las detenían!

Ellos ... ¡volvían a maldecir! Y corrían a bujcar ... ¡más piedras! Pero cuando con latas llenas ... ¡aparecían! Primero ... ¡maldecían a Dios! Y dejpués ... ¡nos tiraban! Y pah coger ... ¡más puntería! Las ponían en la tierra. Pero tan pronto una ... ¡les pasaba por el lao! Soltaban ... ¡las que en las manos traían! Y echando otra maldición, con desejperación ... ¡juían!

¡Caraaamba! Yo, sí creo que era ... ¡un güen ejélcito! Sí sííí. Pero un ejélcito ... ¡sin un güen guía! Polque no tenía ... ¡oficiales! Santo Dios ... ¡Abe Maríííá! Seguuuro. Si les faltaba ... ¡un comandante! Que ejtubiera al frente ... ¡De semejante batíííá!

En algunas ocasiones, cuando una piedra ... ¡en una fiambrera, se ejtrellaba! El almuelcero ... ¡echaba otra maldición! Y corría ... ¡a rejcatajla! Así, entre pedrás y carreras ... ¡gritos y maldiciones! La guerra se prolongó ... ¡por casi media hora! Pero ... ¡qué media hora, compay! ¡Qué media hora!

¡Ni siquiera en "Hollywood"! Se ha podío filmar ... ¡un "show" como ese! Con tan emocionantes ... ¡ejcenas! Tan intensas ... ¡y tan reales! Como jueron ... ¡aquellas! Entre nosotros ... ¡y los títeres! De Las Palcelas. ¿Te imaginas? Como ejte episodio ... ¿telminó? ¿No te lo imaginas? Pues yo ... ¡te lo voy a contar! Pah que te jagas ... ¡el cuadro en la mente! Y lo puedas ... ¡recoldar!

Mira ... ¡Bimbo! Quien era uno ... ¡de los ajitadores! De tanto mieo ... ¡qué tenía! Le entró valor. Cansao ya. ¡Y desejperao! Por cogelse ... ¡un güen dejcanso! Al ejtilo de película ... ¡Levantó un pañuelo blanco! Y gritó: – ¡Yo ya no quiero, peliar más!

Su grito me recoldó ... ¡a un jefe indio! Que un día se cansó ... ¡de tanto peliar! Al ver ... ¡tantos cuelpos juntos! Y pensó ... ¡qué era mejor! Salvar a su nación ... ¡De tanta balbaridá! Y la acumulación ... ¡de tantos mueltos! Ese jefe ... ¡Chief Joseph se llamaba! En su dijculso de rendición ... ¡inmoltalizó esa frase! – "I will fight no more forever!" – O lo que es lo mijmo: Yo nunca más ... ¡volveré a peliar!

Entonces, otro de sus compinches gritó – ¡Ni yo tampoco! Mejor vámonos ... ¡pal carajo! Y que aquí, vengan a peliar ... ¡otros! – Yo pensé: – ¿por qué mejor? No siguen ... ¿pah Las Palcelas? ¡Si es más celquita! Y pueden llegar .... ¿a pie? – ¡Ejtá bien! Ya nos habemos diveltío ... ¡bajtante! Recojan ... ¡sus guilinchos! Que mañana ... ¡continuamos! Con otro nuevo ... ¡combate! – Tos a una ... ¡corrieron! A bujcar ... ¡sus fiambreras! Pero algunos ... ¡aaay bendiiito! Tan solo a recoger, lo que quedaba ... ¡de ellas!

Esa noche celebramos ... ¡con la luna y las ejtrellas! Habíamos ganao ... ¡el primer combate! A pesar que ellos, se las echaban ... ¡de malotes! Sí síí. Polque se creían ... ¡muy grandotes! Al otro día, volvimos a apeltrechalnos. Y volvieron a llover ... ¡piedras! Pero, aunque más difícil jue ... Polque ya traían, del río ... ¡las piedras! Nuejtra ventaja ... ¡se impuso! Por eso, a la lalga ... ¡y sin querer! Se tuvieron ... ¡qué rendir! Mira, como jue ... ¡eso! Pero ten ... ¡mucha cautela! Que no se zafe ... ¡un tajo! Y te tumbe ... ¡las orejas!

– ¡Oye tú! – Me gritó Bimbo. – Si de veldá ... ¡tú eres tan guapo! Como dices ... ¡qué lo eres! ¿Por qué? No te enfrentas ... ¿a mí? Y nos entramos ... ¡a tajos! – ¿A los tajos? – Le pregunté – ¡Sí síí, a los tajos!

¿Tú no te las jechas? ¡De guapo! ¿Aaah? ¡Vente! No tengas … ¡mieo! – ¿Mieo yo? Vamos a ver … ¡quién es! El qué se ejtá … ¡meando!

Solté el ejcudo … ¡agarré el machete! Y salí … ¡a su encuentro! Pero al velme bajar, con el machete … ¡bien en alto! Aaay bendiiito. Le entró pánico … ¡al muchaaacho! Entonces sí, que se meo … ¡en los calzones! Y con las manos … ¡temblando! Y lágrimas … ¡en los ojos! Sacó del bolcillo … ¡una cuchillita! Sí sííí, una cuchillita … ¡de mala muelte! Pero al velme acelcar. Ya … ¡cómo a los trenta pasos! Con voz temblorosa … ¡me gritó! – ¡Tú eres guapo! Polque tienes … ¡un machete!

– ¡No seas zángano! Vete tú … ¡y bújcate otro! Y dejpués … ¡me guapeas! ¡So aguajero! – ¡Síííí, te vas a fajtidiar! Polque yo, yo no voy a peliar … ¡más! Mejor me voy … ¡pal carajo! – ¡Pues lálgate! – Él se jue … ¡muy cabijbajo! Con el rabo … ¡entre las patas! Sí sííí, como jacen los perros … ¡guapetones! Cuando les sale otro. Otro que es … ¡más güapo!

Bien abochojnaos, sus amigos … ¡lo siguieron! Derechiiitos pal lugar, que él mijmo … ¡había ejcogió! Habiendo otros lugares, que suenan … ¡mucho mejor! Prefirieron, tocar las pueltas … ¡del mijmísimo carajo! Y otra vez me pregunté: – ¿Por qué? Mejor no se van, derechito … ¡pah las Palcelas! Si les queda … ¡más celquita! Y allá no brota … ¡candela!

## Acto IV: El último combate

Por varios días … ¡tuvimos una tregua! Y no había novedades. Hajta que una talde, nos juimos … ¡pah almar las trampas! Sí sííí, las trampas … ¡pah coger jueyes! Eso jacíamos. Cuando unos palceleros … ¡qué también almaban! Nos vieron. Y corrieron, a dar la alalma

... ¡a los otros palceleros! Que con entralnos a bofetás ... ¡toas las noches! Nos tenían ... ¡en sus sueños!

A los pocos minutos ... ¡ya había como diez! Dijpuejtos ... ¡a jacelnos jarina! – Y ahora ... ¿qué jacemos? – ¡Le pregunté a mis helmanos! Pero ellos, ejtaban tan asujtaos ... ¡cómo yo! Seguuuro. Si jue que esa mañana ... ¡no comimos fariiina!

– Güeno, – les dije – no tenemos una cuejta. No tenemos piedras ... ¡Ni tenemos ejcudos! Pero nos sobra ... ¡el valor! Pah jacejles frente. Y quitajle ... ¡las de ellos! – Sííí, pero ... ¿cómo? Preguntó Chante. – ¡Aaah! Ahora sííí, que tenemos que ser ... ¡valientes! No podemos juir. Como jacen ... ¡los miedosos! Polque dejpués, tos ellos se ríen ... ¡de nosotros!

– Miren muchachos ... ¡será muy fácil! – Les ejpliqué mi plan. – Ellos no saben, si tenemos piedras ... ¡o noh! Pues, cogemos varios terrones ... ¡y les corremos pah encima! Jaciendo aguaje ... ¡Pero sin soltajlos! Cuando ellos nos tiren ... ¡Ejquivamos las piedras! Y seguimos ... ¡pah encima! Dejpués sin mieo ... ¡se las quitamos!

La idea era ... ¡dejcabellá! Pero no teníamos ... ¡otra salía! Si juíamos, sería muchísimo ... ¡peor! Y toh, lo que habíamos ganao, lo peldíamos ... ¡de un jalón! – Güeno ... ¿Ejtán dijpuejtos? – Les pregunté. Y los tres ... ¡nos pusimos de acueldo! – Pues ... ¡a bujcar terrones! Pah aquellos tiempos, mis helmanos confiaban ... ¡en mi protejción! Ahora es ... ¡qué dudan! ¿Por qué será? Mmmj. ¡Quién saaabe!

No taldaron ... ¡ni ocho minutos! Cuando sus primeras piedras ... ¡sulcaron los aires! Y nos pasaron ... ¡por el lao! Yo, al frente de mis helmanos, corrimos ... ¡pah incima de ellos! Jaciendo aguaje ... ¡con el terrón! Pero sin salir ... ¡de nuejtras manos! Al velnos correr

... ¡pah encima! Arreciaron ... ¡el ataque! Nosotros, ejquivábamos las piedras. Y jaciendo aguaje ... ¡seguíamos pah alante! ¡Siempre pah alalnte! Hajta que ejtuvimos ... ¡tan celquita de ellos! Que les dio ... ¡calambre! Abrieron patas ... ¡a correr! Y abandonaron ... ¡las piedras! Aquellas que ya tenían ... ¡en varias latas y baldes!

¡Mira qué cosa! Ahora sí, que los solprendíos ... ¡éramos nosotros! Que con tres terrones ... ¡Sin salir de las manos! Echamos a juir ... ¡a los temibles malotes! Y recogimos las piedras, en sus latas ... ¡y en sus baldes! Que en ejtrepitosa guía ... ¡abandonaron en combate! Muchos años dejpués ... ¡por ahí, por los años setenta! Esa ejtrepitosa guía ... ¡se repitió en Viet Nam! Con la diferencia que aquella ... ¡jue con bombas y a bala viva! Y la de nosotros jue ... ¡a las pedrás!

Enseguía las llevamos ... ¡a nuejtra zona de combate! Ya lijtos y preparaos ... ¡Pah arremeter! Y repeler ... ¡su tan ejperao ataque! Ahora sí, que teníamos ... ¡muchas granadas! Digo ... ¡muchos peltrechos! Pah con sus propias almas enfrentar ... ¡a los temibles malotes! Pero no a los machetazos. ¡Cómo ya, me habían retao! No noooh. ¡Qué vaaah! Si noh ... ¡Ya verás!

Nos tocó ... ¡ejperar un rato! Lijtos ... ¡y apeltrechaos! Que pal encontronazo venidero ... ¡Ya ejtábamos preparaos! A ver ... ¡quién sería el ganador! De aquel ... ¡tan diveltío pleitazo! Tan pronto se reagruparon ... ¡Regresaron por sus piedras! Pero al no jallajlas ... ¡con furia, gritos y maldiciones! Volvieron ... ¡a bujcar latas!

Ya, cuando ejtuvieron lijtos ... ¡Sin freno! Como granadas ... ¡ejplotando dejde lo alto! Las piedras sulcaban ... ¡los aires! Y a sus pies ... ¡cómo lluvia, caían! Jue que ejta vez ... ¡Ya bien almaos! Ripojtamos ... ¡con mucha juelza! Y sopoltajlas ... ¡no podían! Y mucho menos ... ¡aguantajlas! Y como gallinas ... ¡corrían desejperaos! Bujcando ... ¡cómo ejquivajlas! De pronto, pah ejcapalse ... ¡Corrieron como guineas! Hajta la bomba ... ¡Colorá! Qué así, a esa bomba ... ¡le llamaban! Pero en su carrera impía, se olvidaron ... ¡de sus trampas! Y como botín de guerra ... ¡Nos las llevamos pah casa!

Ésa jue ... ¡la última guerra campal! Entre los palceleros ... ¡y nosotros! Polque llegó un momento. ¡Qué de solo velnos! Les daba culilla. Les temblaban los brazos ... ¡y hajta las rodillas! Y no se atrevían ... ¡ya pasar! Por el murallón ... ¡frente a casa! Le cogieron mieo ... ¡a las pedrás! Que sin aviso ... ¡caían! Y se le enredaban, por entremedio ... ¡de las patas! Dejpués, cuando nos veían al pasar, de mieo ... ¡salían corriendo! O empezaban ... ¡a temblar! Y pah no velnos ... ¡la cara! Se iban por el río. Por eso, de la noche a la mañana, nos conveltimos ... ¡en el terror de los malotes! Dejpués ... ¡campiábamos por toh el barrio! Y toítas ... ¡Las Palcelas! Como si esa juera, nuejra casa ... ¡de depoltes!

## Acto V: Tratao de paz

La guerra ... ¡no había telminao! Polque había un muchacho ... ¡Qué no sé por qué! Pero a tos nos caía ... ¡muy mal! Por eso nos preparamos ... ¡Pah podejlo agarrar! Pobre Ánjelo ... ¡no se imaginaba! Lo que pah él, con mucho ejmero ... ¡planiábamos! Mira, primero juimos al monte. Y coltamos ... ¡un palo de tachuelo! De casi, pulgada y media de goldo ... ¡y bien juelte! Lo pusimos al fuego ... ¡Pah sacajle la humedá! Le jicimos un roto. O mejor ... ¡un barreno! Que le pasó ... ¡al otro lao. Y le pusimos un coldón. Entonces dejó de ser ... ¡un canto de palo! Pah conveltilse, en tremendo ... ¡macanón!

¡Qué suelte! Lo vimos que se acelcaba ... ¡Solito en su caminar! Todavía me recueldo ... ¡cómo si juera ayer! O juera hoy, o pudiera ser ... ¡mañana! En la bajaíta de la vía. Que había antes de llegar ... ¡al cafetín! Que hay al lao ... ¡de un palo de ceiba! Ahí ... ¡lo solprendimos! Cuando él comprendió, la intención ... ¡de nuejtro encuentro! Con voz filme nos gritó: – ¡Un momento! ¡Un momentito! – No sé si su grito … ¡jue ensayao! Si jue de mieo, o jue … ¡de un valiente! Pero sí me recueldo, que sus palabras … ¡nos pararon en seco!

¡Un momentito! – Repitió – Yo he pensao mucho, sobre nosotros … ¡y ujtedes! No peliemos más. Mejor … ¡seamos amigos! ¿Qué ujtedes creen? – No supimos … ¡qué contejtar! No ejperábamos … ¡esas palabras! Y menos, que jueran dichas … ¡por él! Él era … ¡juelte y valiente! En nuejtro íntimo yo, quizás esa era … ¡la razón! Por la cual, él nos caía … ¡tan mal! En ese momento, yo lo tuve … ¡qué ajmirar! Y nació en mi corazón, el sentío … ¡de amijtá!

– Ejtá bien, Ánjelo. ¡Seamos amigos! ¡No peliemos más! – Él nos tendió su mano. Nosotros … ¡le tendimos la nuejtra! Y ahí, en ese lugar … ¡rompimos! La jacha de guerra. Y nos jicimos amigos, pah ya nunca más … ¡volver a peliar! Pero esa frase: "No peliemos más. Mejor … ¡seamos amigos"! Yo la bujcaba … ¡en mi mente! Polque en un libro, jacía algún tiempo … ¡yo la había leído! Hajta que recoldé. Que jue en el cuento … ¡de un perro y un gato! Que siempre … ¡ejtaban peliando! Hajta que un día se cansaron … ¡de tanto peliar! Y se reconciliaron. Dejpués jueron … ¡dos grandes amigos!

Un día, yo le pregunté a Ángelo… ¡por esa dichosa frase! Y él me contó la hijtoria … ¡de aquel perro y aquel gato! Que antes … ¡yo había leío! Y lo tenía gualdao … ¡en la memoria! Eso es, pah que tú veas … ¡lo impoltante! Que es leer. ¡Polque siempre, en los libros! Hay algo nuevo … ¡qué aprender! Puede ser algo, que algún día … ¡en la vida! Nos pueda socorrer. Sí síí. Ésa jue … ¡una gran lejción! Pah nosotros. Y dejde entonces, ya nunca másvolvimos … ¡a peliar! Por el contrario … ¡dónde quiera que nos encontráramos! Pegábamos a chajlar … ¡cómo chajlan, los viejos amigos! Cuando se encuentran … ¡en algún lugar!

## Acto VI: Pasao pah recoldar

Pasaron los años. Un día … ¡juimos a trabajar! A jalar asada … ¡en la caña! Y pah nuejtra solpresa … ¡ahí, nos volvimos a encontrar! Ángelo y su combo. ¡Y mis helmanos y yo! Aaah, que chévere jue … ¡ese encuentro! Ahí nos dimos la mano. Y sellamos … ¡nuejtra amijtá! Dejpués, empezamos a chajlar. A recoldar viejos tiempos. Y la guerra … ¡de las pedrás!

De repente, Ángelo se paró. ¡Miró a la dijtancia! Y se sacó … ¡una ejtrepitosa calcajá! Y jaciendo señales, con su mano zulda. Enseguía … ¡riendo me preguntó! – Drako … ¿tú te recueldas bien? De aquella … ¡santa guerra! Yo a cada rato … ¡me recueldo! Y aún ejtando sólo … ¡A calcajás, me salgo riendo! Chaaachos. Si ujtedes se parecían … ¡a Talsán! Con toh y ejcudos … ¡Al aire batiendo! Que cacho de guerra … ¡jue aquella! Si yo ejtoy vivo … ¡de chiripa! Si a ujtedes … ¡no había nadien! Que se atreviera … ¡meterle mano! – Tos a calcajás … ¡nos salimos riendo!

¡Qué chévere, es recoldar! Aquellos … ¡tan emocionantes tiempos! Los tiempos … ¡ya pasaos! Tiempos de inocencia … ¡y de sueños! Qué liiindos tiempos … ¡jueeeron aqueeellos! Aquellos tiempos … ¡qué liiindos jueron!

**Fin**

**Moraleja:** La niñez … ¡es atrevía! Y la juventú … ¡le sigue los pasos! Pero si a tiempo logramos … ¡enderezar el camino! Seremos y viviremos … ¡cómo helmanos! Y como amigos. Y evitaremos el mal. ¡Qué sea talde, o sea temprano! Pero de seguro … ¡un día! Sobre nosotros caerá. En algún tramo … ¡del camino! Que ya tolcío, será … como aquel que dijo: – ¡Ni el genio! Del libro … ¡"Las mil y una noches"!

Con toda su magia … ¡nos podrá salvar! Y mucho menos … ¡el Chapulín Colorao!

Ejta gran veldá se encuentra … ¡en las cálceles del mundo! Cuando a muchos, en su adolejcencia … ¡se les peldió el camino! Y no sulgió … ¡una mano amiga! Que sabiamente … ¡los orientara! Y los guiara … ¡por un nuevo sendero! Hacia un nuevo … ¡dejpeltar! Y a un … ¡mejor camino!

# Capítulo #14
# El chijpetazo de mi polla

## Acto I: Pejca de pichones

Los terrenos de Lluveras ... ¡eran un foco de infejción! Pero no era ... ¡una infejción mala! No noooh. ¡Era una güena infejción! Es que había ... ¡tantos jueyes! Que durante la época de salición ... ¡nosotros nos dábamos el lujo! De ejcoger ... ¡los palancús! Y las jembras ... ¡bien grandotas! Pero siempre regresábamos a casa, con los sacos ... ¡hajta la moña!

Una noche, ya pasá la salición. Juimos a ver ... ¡si cogíamos algunos! Pero en lugar de bujcajlos, yo me dediqué a bujcar ... ¡níos de pollas de mangle! Éjtas son grandes y negritas. Con el pico colorao o amarillo. Y por cielto ... ¡muy bonitas! Parecen gallinitas.

Yo pensaba: – Aaah, que diveltío sería ... ¡regresar a casa! Con dos o tres ... ¡de esos pollitos! – Y sin oír los gritos de Tunko. ¡Me dediqué a bujcar, en los níos! Sí síií. Unos que se jallaban arriba. Sobre los troncos ... ¡de los matorrales! Bujqué y bujqué, hajta que al fin ... ¡encontré tres, recién nacíos! Que no podían caminar. Polque aún, ejtaban mojaos. Con mucho cuidao los agarré. Y los aseguré ... ¡bien aseguraos! Pah que no se murieran. Ni llegaran a casa ... ¡ejtropiaos! Tan solo cogimos ... ¡unos cuantos jueyes! Pero pah mí ... ¡jue una gran pejca!

¡"Waaaw"! Había conseguío ... ¡tres pollitos del mangle! Pollitos, que por mucho tiempo ... ¡yo había deseao! Al llegar a casa, les di purina de pollitos. Al principio ... ¡no la querían! Pero como en casa ... ¡siempre había pollitos! Les puse uno al lao. Y ... ¡solpresa! Al vejlo comer ... ¡lo imitaron! Y se pusieron ... ¡bieeen jaltiíítos! Luego, feliz y contento los puse ... ¡en una caja de zapatos! Y la tapé ... ¡con una camiseta! Dejpués, me jui a dolmir. Con la idea de jacejles ... ¡una jaula grandota! Y criajlos como si jueran ... ¡pollitos de purina! Pah que crecieran y engoldaran. Y se pusieran ... ¡cómo pelotas!

Al otro día ... ¡volví al mijmo sitio! A ver si encontraba otros. Y llegué ... ¡con tanta suelte! Que encontré ... ¡otros tres! A paltir de ese momento, toh mi empeño jue ... ¡cazar mariposas! Bujcar gusanitos, coger pejcaítos ... ¡y camaroncitos! Pah que cuando quisieran, pudieran comer ... ¡la mejor comía posible! Siempre lijta ... ¡a la mesa!

## Acto II: Visita de un borrachón

Mis pollitas crecían ... ¡goldas y bonitas! Sus platos preferíos, eran la purina, los sobrantes de la mesa, los gusanos, los camaroncitos ... Güeno güeno. ¡Qué ellos no se comían! Como a casa, los llevé recién nacíos ... ¡Y tos los días jugaba con ellos! Por eso, se criaron mansititos. Seguuuro. Si eran ... ¡mis majcoootas! Y de vez en cuando los ponía a jugar ... ¡pelsiguiendo maripooosas!

Algunas veces, se les ocurría jacer maldades. Como comían … ¡mucha purina! Siempre ejtaban dijparando … ¡petaldos traceros! Ya alguna vez … ¡yo jui quemao! Así que aprendí a cogejlas … ¡mirándome de frente! O mirando … ¡pal lao! Eso me evitaba … ¡malas ejperiencias! Y me causaban … ¡menos sufrir! Cuando chijpetiaban … ¡a los cuatro vientos!

Un día … ¡pah qué te cuento! Apareció por casa … ¡un viejo borrachón! Ese señor era amante … ¡del güen pitorro! Y como Papi se colaba, entre los mejores alambiqueros … ¡del barrio! A ese señor le encantaba … ¡el que él jacía! ¡Y por galones! Iba a casa … ¡y lo compraba! Dejpués se lo bebía y se jumetiaba … ¡Hajta que se le acababa! Dejpués, volvía a casa por más. Polque él … ¡nunca se jaltaba!

Al ver las pollas del mangle … ¡Enseguía las reconoció! Y sabiendo que aquellas eran … ¡muy arijcas! Comparás con esas … ¡quedó muy impresionao! Jue entonces, que Papi le quiso jugar … ¡una ejquerosa broma! Agarró la más grande. Y se la puso en las manos … ¡pah que la cogiera! Él muy alegremente … ¡la acarició! Pero de su mala cojtumbre … ¡él no sabía! Y Papi por maldá … ¡no le avisó! Y me jizo una seña. Pah que yo tampoco … ¡le avisara! Por eso el borrachón … ¡no se cuidó!

Aaay bendiiito. ¡Pah qué jue eso! Si vejtía una guayabera … ¡bieeen blanquiiita y planchaíííta! Un pantalón tan blanco y planchao … ¡Cómo la guayabera! Los zapatos y el sombrero … ¡tan blanquitos! Que con el sol … ¡brillaaaban! Y pah completar su indumentaria, también su yegua … ¡era blanca! Y tenía los ojos … ¡azules!

¡Imagííínate! Cuando así vejtía y montaba … ¡Toooh tan blanquiiito! De día parecía … ¡un dojtor! Cuando por el barrio … ¡se pasiaba! Y de noche … ¡parecía un fantajma! Donde quiera … ¡que se parara! Pero, dejpués de borracho … ¡Parecía un mojón, bien acurrucao! Donde quiera ... ¡qué se acojtaba! Que casi siempre era debajo ... ¡de cualquier palo! En la orilla de la carretera. ¡O en cualquier otro lugar! Donde la yegua ya cansá ... ¡lo tumbara!

## Acto III: El chijpetazo

Así tan blanquito, se le ocurrió coger ... ¡a mi polla! Por el lao prohibío. Aaay bendiiito. ¡Pah qué jue eso! Enseguía ahí mijmito ... Sí síí. ¡Dónde tú ejtás pensando! En su falda, mi polla le ha tirao ... ¡Ese santo de chijpetazo! Que le embarretió ... ¡la guayabera y el pantalón! Y con la presión, por poco le tumba ... ¡el sombrero! Aaay Santo Diooos. ¡Qué cacho de mbarretazo! Parece, que lo había gualdao ... ¡ejpresamente pah él! Caramba, si hajta los zapatos ... ¡se le chijpetiaron!

En eso, mientras yo le narraba ejta hijtoria ... ¡a un grupito de muchachos! Un incrédulo oyente ejclamó: ¡Aaay caraaajo! Ni que juera ... ¡una vaca con diarreas! No me jooodas. – ¿Aaah? ¿No me crees? ¿Ejtás seguro, que no me crees? Pues pregúntale ... ¡a cualquiera de mis helmanos! Que tos ellos ... ¡saben la hijtoria! Polque ahí ejtaban presentes. Cuando mi polla ... ¡lo embarretió! Mami era una ... ¡qué se reía a calcajás! Y dejpués, ese suceso se conviltió ... ¡en la convelsación del día! En toa la vecindá ...

Güeno, güeno. Dejpués de ejte ... ¡pequeño intejludio! Continúo con la hijtoria. Cuando el pitorrero sintió ... ¡el calientito en su falda! Disimulando, puso mi polla en el corral ... Y se trató de limpiar ... ¡la plajta! Que por tos laos ... ¡se chorriaba! Al yo ver ... ¡su desejperación! Le bujqué agua, jabón ... ¡y un trapo! Él, con ansias locas ... ¡trató de limpialse! Pero la mugre, en tan blanca ropa ... Aaay bendiiito. ¡Más se regó! Ya el borrachón ejtaba ... ¡a punto de reventar! Polque aquella ... ¡jodía ñoña! Él no la podía ... ¡limpiar!

Tratando yo ... ¡de defender mi polla! Le dije: – Peldone ... ¡a ese pobre animalito! Que él no sabe ... ¡lo qué jizo! – Pero el borrachón ... ¡con su rojtro colorao! La frente fruncía. ¡Y los yentes rechinando! Me rejpondió: – Me dieron ... ¡esas jodías ganas! De coger ... ¡a ese jodío pichón! Y rejtrillajlo ... ¡contra esa jodía piedra! ¡Marrayo lo palta, carajo! Me voy ... ¡pal carajo! ⊠Y se jue, botando jumo ... ¡por el rabo! O por el joyo ... Que pah un borracho ... ¡es lo mijmo, carajo! Pero no suena ... ¡tan malo! Aunque no jue ... ¡a causa de mi polla! No noooh. ¡Qué vaaah! Jue por la jumeta ... ¡con pitorro viejo! Que se había bebío. Y que en casa ... ¡mal mejcló! Con pitorro nuevo ... ¡carajo!

## Acto IV: Trijte final de mis pollas

Dejpués, que el pitorrero se jue. Parece, qué de tanta velgüenza ... ¡qué le dio! O por la zumba, con la que su mujer ... ¡lo recibió! Jueron ... ¡tan disuacivos! Que nunca más ... ¡volvió por casa! Por otro galón ... ¡de pitorro! Y mucho menos, por otro chijpetazo ... ¡de mi polla! Aunque, ya conociendo ... ¡su mala cojtumbre! No la volvería a coger ... ¡por la cola!

Ahora te voy a ejplicar, su desajtroso ... ¡y trijte final! Figúrate, que era un macho ... ¡y tres jembras! Polque un macho y una jembra, una mañana amanecieron ... ¡muejtos! Cuando todavía ... ¡eran chiquitos! Pues un día, mientras yo jtaba en la ejcuela, Mami quiso agarrar ... ¡precisamente al macho! Polque quería jacer ... ¡un guiso! Sin que yo ... ¡lo supiera! Pero él jue más lijto. ¡Y se ejcapó por la ventana! Sin dejar ... ¡ninguna güella! Güeno, güeno, eso jue ... ¡lo que ella me contó!

Dejpués por el río ... ¡yo lo bujcaba! A ver, si con un poquito de suelte ... ¡ahí lo encontraba! Pensando, que era veldá ... ¡lo que ella me contaba! Pero ahora, que ejtoy ejcribiendo el cuento. ¡Me pregunto! ¿Sería veldá, que se ejcapó? O sería ... ¡qué se lo comió! Y no me dejó ... ¿ni el caldito? Mmmj. ¡Quién saaabe!

Aunque, donde manda el Capitán ... El soldao ... ¡sale sobrando! Y yo, aunque muy trijte ... ¡me quedé callao! Sufriendo la pena ... ¡en silencio! Por la desaparición de toas ... ¡mis querías majcotas! Mira como jue eso ... A mi regreso de la ejcuela ... ¡ella me jizo! Un cuento chino. Yo se lo creí. Pero, pasaron varios días. Cuando otra vez yo regreso ... ¡Y les voy a echar comía! Pero ejta vez encontré ... ¡la jaula vacía! Corrí donde ella ... ¡a preguntajle! – ¿Dónde ejtán mis majcotas? – En esos días, yo había aprendío a usar ... ¡esa palabra! – Ejtán allá, en la olla. Como no tenían macho ... ¡yo las maté! Ejtán más güeeenas. – ¿Quééé? – Yo me quedé ... ¡anonadao! ¡Totalmente solprendío! Y muy dejquiciao ... ¡por esa noticia! Tan trágica ... ¡y trijte! Nunca creí, ni mucho menos pensé ... ¡qué mis majcotas! Que tanto yo quería ... ¡Pudieran tener! Un final ... ¡tan violento! Y telminar en el caldero, entre fideos, papas ... ¡y pimientos!

Ya, sin tener otro remedio ... ¡Me jui a llorar mi trijteza! Trepao en un gancho, de mi palo ... ¡de tamarindos! Palo, que pah colmo un día ... ¡ejtando yo en Passaic! Papi lo coltó. Pah luego jacejlo ... ¡calbón y cenizas! Y yo siempre recoldando ... ¡qué en un gancho! Había jecho ... ¡una silla! Donde me refugiaba ... ¡a llorar mis penas! Mis angujtias ... ¡y mis trijtezas! Aquellas, que siempre empañaron ... ¡las alegrías de mi vida!

Hoy, sesenta y cinco años dejpués, cuando recueldo ... ¡aquellas! Mis adorables majcotas ... ¡Y aquel, mi palo de tamarindos! Y las veces, que en él lloré ... ¡Las trijtezas de mi alma! Me da nojtalgia, trijteza ... ¡Y mi mente se pielde! En el tiempo ... ¡y la dijtancia! Aunque también los recueldos ... ¡a veces, me jacen reír! Polque por mi mente, pasa la película ... ¡del borrachito! Y como en un celaje, veo el chijpetazo ... ¡de mi polla! Y es, como si me jicieran ... ¡cojquillas! Y a calcajás … ¡me salgo riendo! Y hajta se me olvidan … ¡las penas! Ja ja ja.

**Fin**

|**Moraleja:** Una güena majcota, nos ayuda a olvidar … ¡las angujtias de la vida! Y nos produce bienejtar. ¡Aún! En las horas … ¡de trijteza! O de amalga … ¡agonía! Aaah, pero recuelda: Nunca pongas en tu falda, criaturas … ¡qué no conoces! No sea, que salgas pintao. De los pies … ¡hajta el bigote! Ja ja ja.

# Capítulo #15
# El cruel cajnicero

## Acto I: Trijteza de la Central

Apenas tenía yo ... ¡siete años ejcasos! Cuando la pelambrera, era la fiel compañera ... ¡de noche y de día! Pah ese entonces, la gente se dedicaba ... ¡a criar animalitos! Entre ellos: lechones, cabros, pollos, pavos, conejos, güimos ...Y muchos otros ... ¡animales doméjticos! Luego de criaos ... ¡éjtos se vendían! Y si noh, los mataban ... ¡y se los comían!

Con los chavos que recibían ... ¡se vivía por un tiempo! Hajta que se acababan. Dejpués, a tratar de vender ... ¡otros! O se conseguía una chiripita ... ¡por unos días! Y si noh ... ¡a coger fía! Aunque juera ... ¡la comía!

En casa, siempre había de toh: lechones, cabros, güimos, pollitos y otros animales. Siempre se vendían ... ¡los cabros y los lechones! Los demás se usaban ... ¡pah nuejtro propio sujtento! Pero hubo un momento, en que jue necesario ... ¡vendejlos tos! Y por un tiempo ... ¡nos vimos libres! Ya no teníamos ... ¡qué sacar yelba! Ni llevar los cabros ... ¡al río! Y menos, teníamos que echajle fregao ... (dejpeldicios de la mesa) ¡a los lechones!

Aaay bendiiiito. Si la libeltá del pobre ... ¡es cómo la flor de un día! Que dura ... ¡muy poco! Y aún menos, cuando el que manda ... ¡es otro! Pasó el tiempo ... Hajta que un güen día, apareció Papi ... ¡con una cabrita pinta! Y nos dijo: – ¡Ahí la tienen! Pah que jagan algo. – Y nosotros nos dimos ... ¡a la tarea de criajla! La llevábamos a pajtar ... ¡al monte y al río! Y le sacábamos yelba. En fin, jacíamos por ella ... ¡lo mejor! Pah que creciera ... ¡juelte y saludable!

Mientras, el tiempo pasaba ... Y la cabrita, crecía y engoldaba. Hajta que una mañana amaneció ... ¡con tres cabritos, paría! Un macho ... ¡y dos jembritas! Enseguía, nos los repaltimos. A mí me tocó ... ¡el macho! Y llenos de entusiajmo ... ¡nos dedicamos a criajlos! Como lo jicimos ... ¡con la mamá! Cuando era chiquita. Pero, aunque a los tres ... ¡le dimos el mijmo trato! Y el mijmo cuido ... ¡qué a la mamá! El cabrito macho ... ¡creció más rápido! Quizás, por ser macho ... ¡Quién saaabe! Y en poco tiempo, llegó a ser ... ¡la ajmiración! De toh el barrio. Y yo me sentía ... ¡muy changuito! Feliz, alegre y contento ... ¡del caso!

## Acto II: Trijteza del cañaveral

El tiempo de zafra ... ¡ya ejtaba por telminar! Y por eso ... ¡los días de mi cabrito! Que ya no era ... ¡tan cabrito! Si noh ... ¡un cabrón! (Cabro bien grande.) Con los deos de las manos ... ¡se podían contar! Pronto llegaría ... ¡el invejnazo! (Tiempo muelto, cuando telminaba la zafra.) Cruel enemigo, de los trabajadores ... ¡de la caña! Y siendo Papi ... ¡uno de ellos! Por falta de chavos, el pobre cabro ... ¡pagaría los platos rotos! Aaay bendiiito. El sólo pensajlo ... ¡me entrijtecía el alma! Pero, a pesar de mi niñez, comprendía la crítica situación ... ¡Por la que pasaríamos!

Por eso, al compás de la trijteza ... ¡nos tendríamos que resijnar! Pah no sufrir ... ¡por su venta! De su lao, poco a poco ... ¡me jui alejando! Aunque siempre lo cuidaba ... ¡con el mijmo entusiajmo! Dejde entonces, pasaba menos tiempo ... ¡a su lao! A veces me daba pena. Polque él, con sus grandes ojos ... ¡me miraba! Y yo creía en ellos ver … ¡una lágrima! O … ¡una súplica! Como diciéndome: No te vaaayas. No me dejes sooolo. ¡No me abandooones!

Cuando me alejaba, dejándolo amarrao … ¡en el pajto! Desejperao empezaba … ¡a dar jalones! Y a berriar. Era como si me llamara. Yo regresaba, le hablaba … Y le pasaba la mano, por el lomo. Y cuando empezaba a pajtar … ¡volvía y me alejaba! Si al paltir … ¡no me veía! Tranquilo, seguía pajtando. Pero, si por mala suelte, se daba cuenta … ¡de mi ausencia! Volvía a berriar … ¡Y a dar jalones! Hajta que me peldía … ¡de su vijta!

## Acto III: El maldito cajnicero

Un fatídico día, un dejgraciao cajnicero … ¡pasó frente a casa! Papi lo llamó y le dijo: – ¡Te vendo el cabro! Dame … ¡venticinco pesos por él! – ¡Chaaacho! ¿Ejtás loco? Si me lo quieres vender … ¡te lo compro! Pero sólo te puedo dar … ¡vente pesos! – ¿Vente pesos? Mira a ver … ¡si yo me lo robé! Ejtá bien, como quiera … ¡lo tengo que vender! Dame … ¡ventidós pesos y medio! Y es tuyo.

Luego de pensajlo. ¡O jacer que lo pensaba! Don Rayo, sacó su billetera. Contó los ventidós pesos y medio … ¡Y se los entregó! Papi los recontó, se sonrió … ¡y se los echó al bolsillo! Pero a nosotros … ¡qué lo criamos! No nos dio … ¡ni la mitá! De un chavo prieto. Luego soltó el cabro. ¡Y se lo entregó! Don Rayo, con la cualta de su mano … ¡rápido le midió el lomo! Quizás, pah calcular, cuanta cajne … ¡podía vender! Y enseguía, lo volvió a amarrar … ¡del palo!

Dejpués nos dijo: – Déjenmelo aquí. No le den … ¡agua ni comía! Quiero que ejté lijto. ¡Pah pelajlo mañana! Antes del mediodía. – Al oijlo … ¡a mí se me yeló! La sangre … ¡en las venas! Y muy trijte … ¡corrí a la casa! Y me metí … ¡debajo de ella! Y ahí, llorando mi trijteza … ¡pelmanecí un güen rato!

Al otro día, a las nueve y media de la mañana ... ¡apareció el cajnicero! Poltando un cuchillo ... ¡bien afilao! Y una soguita ... ¡cómo de tres pies de lalga! Al ver la soguita ... ¡nos salimos riendo! Polque ... ¿cómo lo podría amarrar? Siendo un cabro ... ¡tan grande! – Ojalá ... ¡qué no se lo pueda llevar! – Por mi mente, no pasó la idea. ¡De ante mis propios ojos! Ver morir ... ¡a mi querido cabro! Pues tranquilamente, don Rayo le puso ... ¡la soguita en el pejcuezo! Le quitó la que tenía. Y lo sacó de ebajo ... ¡de aquel palo!

Dejpués, con la mijma soguita ... ¡le jizo un bozal! Lo agarró bien apretao ... ¡por el nudo del bozal! Sacó el cuchillo ... ¡Y ahí mijmo, frente a nosotros! Con un brujco movimiento ... ¡Le coltó la bolsa! Y le enterró el cuchillo ... ¡hajta el mijmo corazón!

Aaay bendiiito. El pobre cabro ... ¡solo sacó un berrío! Y enseguía ... ¡lo guindó del palo! Todavía vivo ... ¡lo empezó a pelar! Y aún temblaba. Cuando ya ... ¡no tenía cuero! Ni cabeza, ni corazón ... ¡Ni tripas ni naaah! En un santiamén ... ¡ya etaba pelao y en cantos! Metíos ... ¡en un saco! (una bolsa)

¡En toa mi vida! Esa ha sío ... ¡mi peor ejperiencia! Ver morir ... ¡a mi pobre cabro! Sin que yo pudiera ... ¡jacer naaah! Pah salvajle ... ¡la vida! Entre lágrimas y sollozos ... ¡me encerré en el cualto! Y ahí pelmanecí, llorando mi trijteza ... ¡Por un güen rato! A veces, me asomaba por la ventana. Y con trijteza ... ¡contemplaba el cuero! Que en el alambre ... ¡Mami lo había guindao! Y ahí aletiaba ... ¡contra el viento, qué soplaba!

Algún tiempo más talde ... ¡cuándo volví a ver! Al dejgraciao cajnicero ... ¡Iba montao en su yegua! Y sin que él me viera ... ¡Recogí varias piedras! Y me ejcondí ... ¡entre unos matorrales! Ahí ejperé, a qué por el lao ... ¡me pasara! Cuando ejtuvo celca ... ¡Saqué una! Le cogí puntería. Y le tiré ... ¡con toas mis juelzas! Sin pensar ... ¡qué no sería a él! Si noh, que pah su solpresa … ¡y la mía! En una cacha la recibió … ¡la pobre yegua!

Aaay bendiiito. ¡Pah qué jue eso! Al sentir el cantazo … ¡Del sujto y del dolor! Esa pobre yegua … ¡ha sacao! Ese santo … ¡de primerazo! Que se paró … ¡en las dos patas de atrás! Y ha dao … ¡esa santa patiná! Que don Rayo … ¡no se pudo aguantar! Y salió … ¡dijparaaao pah'trás! Y como una plajta … ¡de elefante! Cayó … ¡patas pah'rriba! Sí sííí. Polque una de vaca … ¡es chiquita! Y él era … ¡muy grande!

Al vejlo yo … ¡retolciéndose del dolor! Abrí patas … ¡a correr! Y le pasé … ¡por el lao! Como alma que lleva … ¡el diablo! Cuando ejtá … ¡bien asujtao! A las millas … ¡de Chang Flan! – Eso jue, pah que no seas … ¡tan dejgraciao! – ¡Le grité en mi mente! Y regresé a casa, riéndome de gozo. ¡Alegre y contento!

Ya se murió. Pero creo, que dejde el infiejno … ¡si allá llegó! Todavía se ejtará preguntando: – ¿Por qué carajo? Me tumbó … ¡esa jodía yegua! Me atrevo apojtar, que ya ni se recuelda … ¡de su maldá! Cuando sin piedá, jue a mi propia casa … ¡a matar! A mi querido cabro. Que a él nunca … ¡le jizo daño!

¿Qué si no me da pena? Chaaachos. Si yo lo llego a ver … ¡En las pailas del infiejno! Le arrimo … ¡más tizones! Consigo una maquinita … ¡de jacer fuego! Y se la pego … ¡por las nalgas! Pah que se queme … ¡toíto, toíto, toíto! Pah que no vuelva … ¡a coger a más nadien! De pendejo. Ni en la tierra … ¡ni en el infiejno! Y mucho menos … ¡en el Cielo!

Sí sííí. Polque también los malos … ¡Según dicen por ahí! Si se arrepienten … ¡un par de minutos, antes de morir! Se van pah'llá. O por lo menos … ¡eso es! Lo que acá … ¡nos han jecho creer! Cosa, que yo pelsonalmente … ¡no creo! Pero por mí palte … ¡qué no se preocupe! Que pah allá … ¡pal infiejno! Yo no voy. No noooh. ¡Qué vaaah! Pah eso mejor … ¡me gano un güen asiento! Y me voy, pah un sitio … ¡más güeno! Allá, bien arriba … ¡En el Cielo!

**Fin**

**Moraleja:** Es muy trijte ver morir … ¡a una querida majcota! Y el culpable … ¡debe pagar! Aunque sea … ¡con una güena pedrá! O con una … ¡pata rota!

# Capítulo #16
# El Eñangotao y su veldugo

## Acto I: Principios de la azúcar

Jace muchos años, en la Central San Francijco. Mejor conocía … ¡por Central Lluveras! Había … ¡muchos carros de güeyes! Muchos yugos, muchos güeyes … ¡y muchos carreteros! Mira, como toh éjto, encajaba muy bien … ¡en un cuadro! Había que tranjpoltar la caña … ¡Del colte, hajta la Central! Ahí se molía. Y se le ejtraía el guarapo. Se le removía la paja y la suciedá. Dejpués, se le evaporaba el agua. Y el rejtante líquido, se tranjfolmaba … ¡en sirope! Por último, se le telminaba de sacar … ¡la humedá! Pah que tan solo quedara … ¡la azúcar!

Pero, como si toh éjto … ¡juera poco! Dejpués había que mandajla … ¡a E.U.A.! Allá la refinaban. Pah dejpués devolvejla, ya embolsá … ¡a Puelto Rico! Y del muelle, llevajla a los almacenes. Dijtribuijla por las tiendas. Pah dejpués ... ¡vendélsela a la gente! Llevajla a la casa ... Y ya dejpués ... ¡de tantos dejpueses! Al final ... ¡sazonar el café! Juera café prieto ... ¡o con leche! El chocolate o el té ... ¡Jacer dulces, golosinas! Y mil y una ... ¡cosas más!

¡Aaah, qué muchos pasos! Pero éjto ... ¡no es toooh! Aún faltan otros, que todavía ... ¡no te he contao! Mira: Primero había ... ¡qué arar el terreno! Sembrar la caña. Dejyelbajla, abonajla ... ¡y echajle agua! Hajta que creciera. Y ejtuviera lijta ... ¡pah ser coltá! ¿Te imaginas? Parece suave ... ¡Pero, qué vaaah! No es suave ... ¡naaah!

## Acto II: El maldito carretero

Había muchos carreteros. Con sus carros, sus yugos ... ¡y sus dos güeyes! La mayoría, era propiedá ... ¡de la Central! Pero por contrato ... ¡ejtaban asijnaos a ellos! Solo tenían, que usar sus selvicios. ¡Y dajles agua y comía! Pero sobre toh ... ¡No debían maltratajlos! Polque de sobra sabemos. ¡Qué el maltrato! Es problema inherente ... ¡de muchos seres humanos! Es precisamente de uno ... ¡de esos granujas! Que hoy te quiero contar.

Mira, éjte era ... ¡un don borrachón! Que cuando ejtaba sobrio ... ¡era un gran señor! Pero cuando se daba ... ¡dos palos de ron! Era peor ... ¡qué el mijmo diablo! Y cuidao ... ¡qué el diablo es malo! Pero él le jacía ... ¡la competencia! Figúrate. Tan pronto se daba ... ¡el primer palo! Mmmj. Había que alejalse ... ¡de su lao! Polque de no jacejlo, su encontronazo ... ¡ya ejtaba asegurao! Güeno, güeno. Era peor ... ¡que una mala llaga! Sí sííí. Una mala yaga ... ¡ahí mijmito! Donde tú ... ¡ejtás pensando! ¡En la rabaíya! ¿A ti nunca te ha pasao? Chaaacho. ¡Y tanto, que jode eso! ¿Veldá?

Muchas veces trajnochao. Y las más veces ... ¡medio borracho! Se iba a la Central. ¡Y de mala gana! Enyugaba a sus güeyes. ¡Dejpués de amarrajle el carro! Se iba a recoger caña. Por las celcanías de la Central … ¡parecía un santo! El más bondadoso … ¡de tos los carreteros! Pero tan pronto, pasaba de ella … ¡Era peor! Que el mijmísimo diablo. Chaaacho. Pah obligajlos a correr … ¡por toh el camino! Eso era … ¡a puyazo limpio, por las nalgas! O rompiéndole las cojtillas … ¡a palos! Y jadiando de cansancio, llegaban al colte … ¡muy adoloríos! Sin ninguna razón … ¡pah los palos recibíos!

Dejpués a prisa … ¡llenaba el carretón! Pah así … ¡ganar más chavos! Pero, no le impoltaban los güeyes. Que ya ejtaban … ¡tan adoloríííos y cansaaaos! Una vez … ¡lleno el carretón! Emprendía el viaje de regreso … ¡De la mijma folma y manera! A palo limpio, los jacía correr … ¡con tooooh ese peso jalando! Hajta ejtar … ¡al lao de la Central! Eso lo jacía, pah no ser vijto … ¡por los jefes! Que ya … ¡lo ejtaban velando! Y si algún … ¡no autorizao! Le llamaba la atención … ¡Él se molejtaba! Se daba, un güen palo … ¡de ron! Echaba una maldición. ¡Lo mandaba … ¡pal carajo! Y se le iba … ¡del lao! Es que nunca … ¡entraba en razón! Cuando se daba … ¡dos palos!

## Acto III: Pasos de una trajedia

Un trijte día, al carretero se le ocurrió detenelse … ¡a la orilla de la carretera! Frente a la cooperativa. Jue y compró … ¡una botella de ron! Y de un trago … ¡se la bebió toíta! Dejpués pensando … ¡compró otra! Se la echó al bolsillo. Y se jue tambaliando. (Dando tumbos) Seguro pensando … ¡qué se lo bebería en el camino! Pero, quería reponer el tiempo … ¡qué por el ron, había peldío! Y pah jacer correr … ¡a los güeyes! A palo limpio … ¡la emprendió! Ellos dejpavoríos … ¡pujaban y corrían!

Ya entraos … ¡en la cuejtita del puente! Sí sííí, ese que ejtá … ¡al lao de la ejcuela! Muy adolorío, el güey zuldo rempujó … ¡pal lao derecho! Y los tres … ¡los dos güeyes, y el carretón! Casi, casi … ¡casi cayeron! Tan solo quedaron, en la boldita. ¡A un hiliiito del barranco! El güey zuldo ... ¡quedó parao! Con el pejcuezo tolcío. Pero el derecho ... ¡no pudo! Y se eñangotó. Con toh el peso de la caña ... ¡sobre sus cuejnos! El pejcuezo se le tolció. Y como el carretón ... ¡ejtaba virao! Y con la calga ... ¡dejbalanciá! Imagínate tú, como ejtarían ... ¡esos pobres pejcuezos!

El borracho se asujtó. Y pah ocultar sus jechos. Le entró a palos ... ¡al Eñangotao! Pero éjte, no se levantó ... ¡de su lecho! Prefirió aguantar los golpes. Antes que pelder ... ¡su pejcuezo! Cansao ya ... ¡de dajle palos! Y sin ver ... ¡ningún ejfuelzo! El carretero se tragó el ron ... ¡qué quedaba en la botella! Se olvidó del buey ... ¡Y jue en bujca de refuelzos! Al rato ... ¡apareció una caltelpila! Al vejla, el Eñangotao ... (¡qué así, yo lo bauticé! Pah tenejlo, siempre en mente.) ¡se animó! Y se levantó ... ¡de su lecho!

Cosa que prueba, que los güeyes son ... ¡animales inteligentes! Sí sííí, polque ya sabía ... ¡qué con la caltelpila! La movía sería ... ¡mucho más suave! No sabía nah. ¿Aaah, qué tú crees? Pero el carretero ... ¡era tan bruto! Que no lo comprendía. Pues la máquina ... ¡enderezó al carretón! Y toh volvió a parecer ... ¡nolmal! Hajta la borrachera ... ¡del carretero!

## Acto IV: El cuejno roto

Al otro día madrugó ... ¡más de lo acojtumbrao! El maldito carretero. Y recoldando ... ¡lo acontecío! Dejpués de enyugar los güeyes, le entró a palos ... ¡al Eñangotao! Éjte, con mucho dolor ... ¡en su pejcuezo! Furioso y molejto, trató de embejtir ... ¡a su veldugo! Pero, el muy canijo ... ¡lo ejquivó! Y le entró a palos ... ¡por los cuelnos! Pero, en el cualto palo que le dio, cayó al suelo ... ¡la mitá de uno!

Por el tuco brotó … ¡un poco de sangre! Pero algo blanco … ¡se quedó guindando! Era … ¡el tuétano del cuejno! Que pegao del tuco … ¡se quedó! El güey … ¡de tan injujtificao! Y tan intenso dolor … ¡Mugía tanto tanto! Que el mijmo suelo … ¡se ejtremecía! Y su quejío … ¡llegaba al cielo! Adolorío corría … ¡pah'trás y pah'lante! ¡Pah la zulda! ¡Y pah la derecha! Como un loco … ¡rebuliando! Así de mucho … ¡le dolía!

Al rato … ¡ya calmao un poco! Pero aún … ¡temblando de rabia! Impotencia … ¡y dolor! Así, sin ninguna consideración, el carretero … ¡montó al carretón! Y corriendo, los jizo llegar … ¡Sin impoltajle el dolor! Hajta el mijmo … ¡cañaveral!

Con mucha rabia … ¡en su mente! Pensaba el Eñangotao: – Algún día … ¡ya tú verás! Una a una, yo … ¡te las voy a cobrar! Y tú … ¡me las vas a pagar! Una por una … ¡toas y cada una! Aunque sea … ¡dejpués de muelto! Vas a ver … ¡Vas a ver! Y te vas … ¡a lamentar! Vas a ver … – Claaaro. Como no era … ¡su dolor! ¿Por qué? ¡Le habría de impoltar! Bendiiito. Así como él … ¡había otros!

El segundo día … ¡de la paltía! El veldugo madrugó. ¡Y los volvió a enyugar! Pero, el cuejno paltío … ¡se infejtó! Y ya el güey … ¡tenía fiebre! El pus … ¡bajaba a torrentes! Invitando … ¡a mojcas y a mimes! Y como no lo vacunó, el tétano … ¡ya se anunciaba! Ya muy pronto … ¡ocuparía su lugar! Y pondría fin … ¡a la agonía! Pronto tendría … ¡su liberación! Pah tomar lugar, su tan prometía … ¡venganza!

Al pasar … ¡por la cooperativa! Y por mieo taldío … ¡a la infejción! El carretero compró … ¡una botella de ron! Se dio … ¡un trago bien grande! Y al tuco le echó, el poquito … ¡qué era sobrante! El Eñangotao … ¡resopló del dolor! Al sentir el ron, quemándole … ¡tan fea herida! Y entre golpes … ¡y sufrimientos! Ya … ¡sin juelzas y sin aliento! Pero, con mucho dolor ... ¡Y sobrao resentimiento! Llegaron ... ¡al cañaveral!

Enseguía, sin dar tregua ni dejcanso ... ¡Llenó el carretón! Sin sojpechar ... ¡qué ese día! Una gran tragedia ... ¡lo cajtigaría! Y se le acabaría de una vez ... ¡y pah siempre! Su cruel ... ¡bravuconería! Y sufriría la maldición ... Que tan solo ... ¡jacía un día! Que el Eñangotao, en su mente, con rabia ... ¡le prometipo!

## Acto V: La muelte del Eñangotao

Cuando el carretero, quiso jacer mover ... ¡a los güeyes! El Eñangotao ... ¡dobló rodillas! Como al cielo ... ¡jaciendo plegaria! Bajó la cabeza ... ¡besó la tierra! Y ahí mijmo. Con toa la calga ... ¡sobre su pejcuezo! Renunció a la vida. Y de ella, al injtante ... ¡se liberó! Entonces síí. Que se folmó ... ¡el salpajuera! Se dijeron ... ¡muchas palabras! Pero ninguna ... ¡era güena! Toas ... ¡muy malas eran! Ell carretero, malcao y malparao ... ¡quedó! Ya ... ¡era muy talde! Pero nunca es talde ... ¡Cuándo la ley impera!

Como cajtigo inmediato ... ¡él, solo solito! Tuvo que ejcalvar ... ¡un gran joyo! Rempujar al muelto ... Que era muy grande ... ¡y pesao! Pah que cayera ... en el joyo! Que él mijmo ... ¡había ejcalbao! Dejpués, solo solito. Tuvo que cubrir ... ¡su cuelpo! Pah eso, toa la tierra que sacó ... ¡Pah jacer, ese gran joyo! Se la tuvo que poner ... ¡encima! Trabajo total que le cogió, casi un día y medio ... ¡Sin paga! Pero además ... ¡le tuvo que pagar a la Central! El valor del güey ... ¡Cuándo ejtaba vivo! Y los güeyes de trabajo ... ¡pah aquellos tiempos! Valían ... ¡muchos chavos!

Al otro día del entierro, el carretero jue botao ... ¡cómo una bolsa de ñoña! Aaah no síí. Polque así jacen ... ¡los americanos! Cuando alguien ... ¡les fajtidia! Sin penas ni remoldimientos ... ¡Lo agarran por la colita! Le meten una patá … Y lo botan … ¡pal carajo! Y da la casualidá … Que el dueño de la Central … ¡era americano! Así … ¡qué se jodió! Sin ningún derecho … ¡a reclamo!

## Acto VI: El difunto y su veldugo

Pocos días dejpués … ¡dicen los que lo vieron! Bien borracho … ¡y pelao! Que una talde … ¡compró una soga! Se trepó … ¡a un palo de mangó! Que allá … ¡ejtaban choretos! Y sin que nadien … ¡lo viera! La amarró de un gancho. Le jizo … ¡un nudo corridizo! Metió por él … ¡su cabeza! Cerró bien cerraos … ¡los ojos! Y al vacío … ¡de un brinco! De cabeza … ¡se tiró!

Aaay bendiiito. Se lo llevó … ¡Quién lo trajo! Sin dejar de él … ¡nah, nah! Ni siquiera … ¡un solo trago! No noh. Polque antes de brincar … ¡jue lijto! Y se tragó el último. Que quedaba … ¡en la botella! Pah poder pelder … ¡el mieo! Ejtando ya … ¡más borracho! Con su santa … ¡borrachera! Aaay biiijne. Eso es … ¡pah que tú veeeas!

Al ijtante … ¡se murió! Sí sííí. ¡Se dejnucó, con una piedra! Polque como tenía … ¡los ojos cerraos! No vio … ¡la dichosa piedra! Que en el abijmo … ¡lo ejperaba! Ni mucho menos … ¡sacar la lengua! Claaaro. Si tenía … ¡la boca cerrá! Y la soga … ¡era muy lalga! Por eso, no se le apretó … ¡en el gajnate! Entonces … ¿pah qué sacajla? ¡Si no jacía falta! Caraaamba.

Cuando lo jueron a enterrar … ¡nadien quería! Acejtar la calga. Y según cuentan, los adivinos. ¡Que le dicen los diablillos! Que el Eñangotao … ¡vive! Sí sííí. ¡Muy feliz y contento! Conveltío como ellos … ¡En un vengador diablillo! Y dicen, que tiene una figa … ¡bien afilá! En su mano derecha. Y en la zulda, tiene un atizador … ¡bien caliente! Al rojo vivo. ¿Sabes cuál es? Su divelsión … ¿favorita?

¡Es noh! Atizajle el fuego ... ¡al carretero! ¿Y sabes por dónde? ¡Caraaamba! Por donde a él ... ¡no le gujta! – Noh. – Pues sííí. ¡Por las nalgas! Como a un lechón ... ¡en la vara! Y lo puya ... ¡por donde a él! A gujto y placer, le da ... ¡su real gana! Sí sííí. A aquel ... ¡maldito carretero! Que Dios mandó ... ¡pah las pailas! Sí sííí. Pah las pailas ... ¡del infiejno! Aquel brabucón, que se quedó ... ¡sin agallas! Y que ahora ... ¡grita cómo una vieja! Cada vez, que le ejpeta ... ¡la ejtaca! Por donde a él ... ¡no le gujta! Igualiiito que jacía él, cuando él era ... ¡el que mandaba! Y que ahora el dolor ... ¡Sin remedio y sin el ron! Le pasa ... ¡por el pulmón! Se le arremolina ... ¡en el corazón! Ya, ni de noche ni de día ... ¡dejcansa! Con ese ... ¡santo dolor! Que le quema ... ¡hajta el alma!

Dicen, que cada vez ... ¡qué abre la boca! Pah quejalse ... ¡del dolor! Le ejpeta, sin compasión ... ¡Con toas sus juelzas! Otro figazo ... ¡en las nalgas! Que ya las tiene ... ¡bien colorás! Igualiiito que las brasas. Así, como le jacía él ... Cuando tenía ... ¡que jalar caña! Y como dice el dicho: – "Lo que es igual ... ¡no es ventaja"! "Ni mucho menos ... ¡mala maña"! – Ahora, él goza ... ¡con ganas! Y el bravucón sufre ... ¡por las nalgas!

**Fin**

**Moraleja:** Si no quieres, que a ti te pase. Lo que le pasó ... ¡al maldito carretero! Trata bien ... ¡a los animales! Así ejtarás ... ¡más celca de Dios! Y más lejos ... ¡de ese infiejno!

# Capítulo #17
# El bijturí del maejtro

Tenía yo, trece años. Ya se acelcaban las clases. Agojto se vijlumbraba. Los días … ¡seguían su rumbo! Llegaba … ¡una nueva mañana! Y se alejaba … ¡el viejo día! Pah mí … ¡era una novedá! A la ejcuela de Barinas … ¡ya prontito yo me iría. A culsar … ¡el Séjtimo Grado! El solo pensajlo, me daba … ¡mucha alegría! Polque toíto un hombre … ¡Ya yo me sentía!

Por fin, llegó Agojto. Y con él toa … ¡una nueva vida! Nuevo unifolme, nuevos amigos … ¡nuevos maejtros! Ya a pie … ¡no viajaría! Si noh, en la guagua de don Tuto. Toh era nuevo. ¡Nuevo y bonito! Toh menos … ¡un dejgraciao maejtro! Cada vez … ¡qué de él me recueldo! Se me paraliza … ¡la sangre! Es, como si un maltillo de bola … ¡de cuatro libras! En un tobillo … ¡me rejtrellaran!

Así de malo era … ¡ese dejgraciao! Y aunque yo no quisiera … ¡se me quita la alegría! Por nah nos regañaba. Se pasaba la vida … ¡amalgao! Con toh el mundo … ¡se peliaba! Y el día, que no tenía con quién … ¡Con él mijmo, se enfogonaba! Muchas veces lo vimos … ¡A sí mijmo, insultándose! Imagínate, qué clase de enelgúmeno … ¡ese tipo sería!

Sucede que un día … ¡le dio por palticipar! En un proyejto privao. Consijtía éjte … En jacer, una casita de madera … ¡en miniatura! Jue y compró … ¡"pleywood" finito! De "3/16", pega … ¡y un bijturí! Éjte era un cuchillito, con mucho cabo … ¡y poca hoja!

Tos los días, nosotros con madera ... ¡jacíamos nuejtro trabajo! Mientras él con "pleywood", se dedicaba a jacer ... ¡su dichoso proyejto! Pero a cah rato ... ¡se le dañaba una pieza! Ahí era, cuando él más ... ¡se enfogonaba! Enseguía, empezaba a regañar ... ¡al más lindo! O al más feo ... ¡del salón! Al más celca, que en ese momento ... ¡de él ejtuviera!

Un día ... ¡no encontró su bijturí! Bujcó y rebujcó ... ¡por tos laos! Y al no jallajlo, pensó que lo había dejao ... ¡en su casa! Y por un momento ... ¡se tranquilizó! Al otro día ... ¡cómo un perro rabioso! Echando ejpuma ... ¡por la boca! Entró al salón. Y de toa clase de maldiciones ... ¡lo llenó!

– ¡Alguno de ujtedes ... ¡lo tiene! – Enfurecío nos gritaba. – Y el que lo tenga, mejor es ... ¡Qué me lo devuelva! Polque ese es ... ¡un cuchillo ejpecial! Si yo llamo ... ¡a la policía! Al que lo tenga ... ¡preso! Se lo van a llevar. – Esa amenaza, a tos ... ¡nos asujtó! Y muy preocupaos. ¡Con la ejperanza de jallajlo! Lo empezamos a bujcar.

Bujcamos y rebujcamos. Pero no ejtaba ... ¡en ningún lao! A nuejtra suelte pues, nos resijnamos. Mientras yo pensaba: – Si él ejtá ... ¡en esa mesa trabajando! Y ahí hay ... ¡tantas polquerías! A lo mejor lo rempujó ... ¡Y él se cayó! Por detrás, de la mesa. Mmmj. ¿Sería una brujería?

Corrí hacia ella. ¡La rempujé! Y lo bujqué, por entre medio ... ¡de sus patas! Sí síí. De las patas ... ¡de la mesa! Y ahí ejtaba él ... ¡ejcondío! Riéndose del maejtro ¡Qué marrayo lo palta! No al cuchillo, si noh ... ¡a ese dejgraciao! Cuando se lo jui a entregar ... ¡Pensé qué se alegraría! Y que me daría ... ¡las gracias! Pero en su lugar, me miró con ojos ... ¡de vaca cagona! Sí síí, de una vaca cagona ... ¡qué ejtá recién paría! Y pah colmo ... ¡tiene diarreas!

¡Así de tan fea! Jue esa mirá ... ¡Que hajta un toro enamora!, Se enfriaría, ai así de feo ... ¡Lo mira la vaca! Han pasao ya ... ¡más de sesenta años! Pero esa diabólica mirá ... ¡nunca se me ha olvidao! – No te apures. – Me dijo: – Que ya yo sé ... ¡cómo pagalte! – Pero no me dijo ... ¡con qué! Ni me dijo ... ¡cuándo! Y yo nunca imaginé ... ¡Cuál ese pago sería! En ese momento ... ¡no comprendí! Lo que él ... ¡me quiso decir! Pero, dejde entonces me miraba ... ¡Cómo se mira, a un enemigo!

Por cualquier tontería ... ¡me regañaba! Quizás pensó ... ¡qué yo lo había ejcondío. ¡Y me quería cajtigar! Pero jue él, que no lo bujcó ... ¡en el lugar que debía! Mejor prefirió, reclamar peldía ... ¡Aquella solejne polquería! Pero jue ... ¡por su propia culpa! Y noh ... ¡por la culpa mía!

Cuando telminaron las clases ... ¡Su momento llegó! Cosa, que yo no sabía. Ni tampoco ... ¡sojpechaba! Ese día ... ¡jue que comprendí! Su odioso mirar... ¡y su diabólica frase! – Yo sé ... ¡cómo pagalte! – En toh el año, yo nunca ... ¡a su clase! Y en el salón, yo siempre era ... ¡uno de los pocos! Que telminabamos los trabajos.ñ

En el primer semejtre ... ¡había sacao A! Y ninguna ausencia. Pero el muy dejgraciao ... ¡en el segundo semejtre! Me cambió la A, por C. Y no confolme ... ¡Ejtando yo seguro! De haber ganao otra A ... ¡me dio una F! Y quizás pah jujtificar las notas, me apuntó en total ... ¡cuarenta y ocho ausencias! Me colgó ... ¡en Altes Indujtriales! La clase que a mí ... ¡más me gujtaba! Y a la que más tiempo ... ¡Yo le dedicaba! Así de dejgraciao era ... ¡Marrayo lo palta!

Esa F, me cerró las pueltas ... ¡pah una beca univelsitaria! Aquí, en Puelto Rico. Y por varios años ... ¡en E.U.A.! Y no jue, hajta que ejtudié ... ¡en colegios menores! Que jui ajmitío ... ¡con una beca! En la Univelsidá de Illinois ... ¡En el Campus de Chicago! Donde ...

¡dejpués de cuatro años y medio! Gracias a Dios, a la intervención … ¡de mi amigo, el Güelfanito! Y a mis propios ejfuelzos … ¡Me gradué, con altos honores! Y pah mi propia gratificación, con algunos otros … ¡premios!

Ahora, gracias a tan nefajta ejperiencia. Cuando alguien se queja … ¡de haber peldío algo! El chivo loco, o el desentendío … ¡yo me jago! No sea, que me vuelva a pasar … ¡Lo que ya me pasó! Con el bijturí … ¡de aquel dejgraciao! Y me vuelvan a acusar de algo … ¡Que yo no he hecho!

Ya se murió. ¡O ejtá por morir! Sea lo que jue. ¡O lo que ha de ser! Que lo peldone Dios. Polque lo que soy yo … ¡me gujtaría saber! Si por fin … ¡ya cayó! O ejtá a puntito … ¡de caer! En las llamas … ¡del infiejno! Sí síí. Pah si yo ejtoy por ahí … ¡Dajle un güen rempujón! Pah que se acabe … ¡de joder!

Oh síí. Polque … ¿pah qué quiere Dios? A un maejtro … ¿cómo ese? ¡Allá, en el Paraíso! Será, pah que se vaya a maltratar … ¡y a maleducar! A esos pobres … ¡angelitos! Angelitos … ¡qué ejtán aprendiendo a conocer! La maldá … ¡de los humanos! Pah cuando se gradúen … ¡poder proteger! A los niñitos … ¡maltrataos! De esos siniejtros seres, que son … ¡tan dejgraciaos!

Sí síí. Polque los padres y los maejtros … ¡qué maltratan a sus hijos! O … ¡a sus ejtudiantes! Jue que aprendieron su maldá, de maejtros … ¡cómo ese! Mmmj. Mejor es … ¡qué se quede allá! En las pailas … ¡del infiejno! Acompañando … ¡a los malos! Aquellos que llegaron … ¡antes que él! O de los prójsimos … ¡que lleguen! De los cuales, él será … ¡el primero!

**Fin**

**Moraleja:** Cuando tú ejtés ... ¡en un puejto de poder! Considera ... ¡a tus subaltelnos! No sea, que cuando te vean ... ¡en la calle! O te bajen ... ¡del templete! Te entren ... ¡a bofetás! Y te dejen ... ¡sin cachetes! Digo, si tienes suelte. Polque si noh ... Te pueden dejar ... ¡sin joyete!

# Capítulo #18
# Un amigo inejperao

Ejtaba yo ... ¡en séjtimo grado! Había un vecinito, que había peldío a su mamá. Y como era güélfano dejde chiquito ... ¡vivía con sus padrinos! También había otro, que le gujtaba peliar. Y sin ninguna razón ... ¡fajtidiaba a los demás! Pero el problema mayor era, que en la clase ... ¡él era el más grande! Y toh el mundo ... ¡le tenía mieo!

Un día ese Grandulón ... ¡qué así lo bautizamos! Le dio un bofetón ... ¡a mi amigo, el Güelfanito! Nombre que en mi mente ... ¡yo siempre tenía! Polque dejde chiquititos ... ¡juimos güenos amigos! Pues él vino donde mí ... ¡llorando! – ¿Qué te pasó? ¿Por qué lloras? – Le pregunté. – Ese infeliz grandulón ... ¡de Fenicio! – ¿Pero, por qué te dio? – ¡Por nah! Él por nah ... ¡nos da a toítos!

– Mira, vamos a jacer ... ¡una cosa! Habla con los muchachos, a quiénes él ... ¡le ha dao! Y nos juntamos. – ¿Y pah qué? – No me jagas preguntas ... ¡y bújcalos! – Él se alejó. Y al otro día por la talde ... ¡me volvió a bujcar! – Ya hablé ... ¡con unos cuántos! – Pues llámalos, pah que hablemos.

Se jue. Y dejpués de hablar con ellos ... ¡apareció con otros tres! – Mira, éjtos son los amigos: Saúl, Lolo, Cajlos y yo. Somos, nah más que cuatro. – Yo los miré ... ¡y los contemplé! Luego les pregunté: – Muchachos ... ¿a quién de ujtedes? El Grandulón ... ¿le ha dao? – A mí – Dijo uno. – ¡Y a nosotros también! – Dijeron los otros. – Yo les propongo ... ¡una cosa! Miren, vamos a unilnos ... ¡los cinco! Y cuando él le vaya a dar ... ¡a alguno de nosotros! Tos los demás ... ¡lo defendemos! ¿Qué ujtedes creen? – Y los cinco ... ¿le caemos encima?

– Oh noooh. ¡No será necesario! Polque cuando nos vea ... ¡En son de guerra! Él ... ¡no se atreverá tocalnos! ¿Ejtán de acueldo? – ¡Yo sí! – ¡Y yo! – ¿Y ujtedes? – Le pregunté ... ¡a los indecisos! Ellos se consultaron ... ¡entre ellos mijmos! Y acejtaron ser palte ... ¡del grupo! – Ahora sí, que vamos a ver ... ¡si se atreve dajle! A alguno ... ¡de nosotros! Recuelden ... ¡a "Los tres mojqueteros"! Tos pah uno. Y uno ... ¡pah tos!

Ya antes, jacía algunos años, en la guerra ... ¡de "Piedras y ejcudos"! Mis helmanos y yo, nos habíamos enfrentao ... ¡a un montón! Y él era ... ¡tan solo uno! En caso de guerra ... ¡aaay bendiiito! Eso sería ... ¡un bijcochiiito! Varios días dejpués, en el salón ... ¡de Altes Indujtriales! El Grandulón ... ¡le quiso entrar a golpes! A mi amigo ... ¡el Güelfanito! Él corrió ... ¡hacia mí! Y le pegó un grito ... ¡a los otros muchachos!

Cuando el Grandulón ... ¡se vio rodiao! Y con diez puños ... ¡lijtos y ejperando! Desilucionao ... ¡y medio asujtao! Ejclamó: – ¿Qué carajo les pasa? – Yo casi nunca ... ¡hablaba con él! Polque le tenía ... ¡repelillo! Pero ya ejtaba preparao ... ¡por si acaso me tocaba! – ¿Qué pasa? Como a ti te gujta ... ¡entrajle a golpes! A los más chiquitos, pues nosotros nos juntamos ... Pah ser más grandes ... ¡que tú! Pah entre tos ... ¡caelte encima! Si tú tocas uno ... ¡de nosotros! – ¡Ujtedes, ejtán locos! – ¡Por eso mijmo, nos juntamos! Polque ejtamos locos ... ¡por entralte a puños!

Él se acobaldó ... ¡y bajó el moco, se amansó! Y nunca más ... ¡volvió a guapetialnos! Unos días dejpués ... ¡tos nos jicimos amigos! Y dejde entonces en el salón ... ¡reinó la paz! De mi palte, dejpués él jue ... ¡mi gran amigo!

Como un año más talde … ¡Un día, el Grandulón se me acelcó! Y me invitó … ¡a pejcar! A tirar tarraya … ¡en Las Cuevas! Ya nosotros, éramos reconocíos en el barrio … ¡cómo güenos pejcadores! Juera en agua dulce … ¡cómo en agua salá! Polque lo mijmo pejcábamos, en el río … ¡Qué en la mar! Mejor dicho, donde quiera que hubiera … ¡agua con peces! Y tiempo pah dijfrutar … ¡de una güena pejcá!

Pues ese día, nos encontramos en el camino … ¡Cuándo íbamos pah la mar! Y por un ratito nos detuvimos … ¡a platicar con él! Por eso él ya sabía, de nuejtras habilidades … ¡pejqueras! Y nuejtro conocimiento … ¡de la mar!

Pues ese vielnes, me invitó. Si yo quería ir con él … ¡a pejcar en Las Cuevas! Él no tenía tarraya. ¡Ni la sabía tirar! Eso a mí … ¡no me impoltó! Como en casa, nosotros teníamos de toh, le dije: — Mira: yo llevo la tarraya, dos o tres guineos, sal y dos o tres papas en un saco. Tú llevas un cuchillo, agua, un canto de calabaza, dos yautías, una batata y un poquito de sal. Que con pejcao, del que cojamos, vamos a jacer … ¡un citrato! Que no lo brinque … ¡ni un gato!

— ¿Un citrato? ¿Y qué es eso? — Mira, cogemos palte de los pejcaos. ¡Los limpiamos! Y los echamos a jelvir. Luego, le sacamos las ejpinas. Y los volvemos a la olla, con el sofrito y un poquito de sal … ¡a la sazón! Pelamos y lavamos las viandas. Las paltimos en cantitos, con los guineos. ¡Y se las echamos! Y cuando ejté lijto … ¡pah comer! Vas a ver … ¡Qué te vas a chupar los deos! Vas a ver …

Ese sábado a las ocho de la mañana, en el punto convenio … ¡nos encontramos! En el camino, ya llegando a la playa … ¡recogimos dos cocos! Y los pelamos. Coltamos y paltimos … ¡dos cañas! Pah ir chupando en el camino. ¡Y ejtar preparaos! Sí sííí. Por si la jambre … ¡antes de tiempo! En el buche … ¡nos picaba!

Cruzamos por la orilla, boldiando el recodo … ¡qué separa las dos playas! Sí sííí. Las Cuevas … ¡y Ventanas! Primero, bujcamos un güen lugar. Con tres piedras … ¡preparamos un fogón! Y bujcamos … ¡alguna leña! Ya aseguraos los motetes, nos juimos … ¡a tirar tarraya!

Ejtuvimos … ¡más de una hora! Tirando, tirando … ¡tirando sin cojer nah! Pero un güen pejcador, nunca pielde la fe … ¡Ni dejmaya! Polque, cuando menos … ¡uno ejpera! Le puede picar … ¡un güen pez! O caer … ¡en la tarraya! Ejtaba yo … ¡muy atento! Mirando a ver, si se movía algo … ¡en el agua! Cuando de repente … ¡cambió el color del agua! Era … ¡una enolme mancha de salobín! Que por nuejtro lao … ¡pasaba! Y mientras más … ¡echábamos en el balde! Muchos más … ¡caían en la tarraya! Hajta que, con muy pocas tirás … ¡se llenó!

Ya eran, las once y media … ¡de la mañana! Pero en la playa, muy ligerito … ¡la jambre avanza! Sin penas … ¡y sin demora! Ya la pansa … ¡nos picaba! A mí, ya las tripas … ¡me tronaban! Tiré pues … ¡el último tarrayazo! Pah ilnos a cocinar. Pero salió … ¡tan llenita! Que solo cocinamos … ¡la mitá!

Mondamos las viandas, dejtripamos los salobines. Y los echamos a jelvir. Luego, le sacamos las ejpinas. Dejpués a la olla … ¡los echamos otra vez! Con la vianda y el sofrito … ¡Y la sal, a la sazón! (El sofrito no era … ¡cómo el de ahora! Que lo compras … ¡en botellas!) Ya toíto, en el caldero … ¡se empezó a cocinar! Al poco rato … ¡el güen olor! Jue saliendo … ¡pah juera! Y con un olor … ¡tan grato! Más se agitaron … ¡las tripas! Y se ejtimularon … ¡las ganas!

Había que ejtar … ¡pendientes! Por si acaso por ahí, se juera a arrimar … ¡un gato! Y al caldero … ¡de un zalpazo! Lo enramaba … ¡en las brasas! Y a nosotros nos dejaba … ¡nah más que la güelía! Y quedó … ¡tan sabroso! Que comimos … ¡casi hajta reventar! Y tuvimos que coger, por siejta … ¡un soberano dejcanso! Más soberano, que el zalpazo … ¡de aquel, tan hambriento gato! Y tuvimos, casi dos horas … ¡dulmiendo!

Al dejpeltar … ¡acabamos de vaciar! Lo que quedaba … ¡en la olla! Cuando ya nos dijponíamos … ¡a recoger los motetes! A mí se me ocurrió tirar … ¡un último tarrayazo! A ver, si podía pejcar algo … ¡álgo que juera grande! Ya, con la tarraya lijta. Empecé a caminar … ¡agua adentro! Caminando y mirando vi … ¡a un tiburón dulmiendo! Y como ejtaba dulmío, a mí … ¡no me dio mieo! Le apunté … ¡le tiré! Y quedó atarrayao … ¡en el mijmito medio!

Lo dejé que brincara … ¡Toíto lo que quisiera! Que diera vueltas … ¡y más vueltas! Dentro de la tarraya … ¡Hajta que se cansara! Y que ya no le quedaran … ¡más juelzas! Pah aletiar … ¡ni pudiera molder. Ni mucho menos, pah comer … ¡cajne humana! Y así lo tuve … ¡un güen rato! Hajta que … ¡se cansó! Y ya … ¡ni se meniaba! Ahora, ya sin mieo … ¡lo enrojqué en la tarraya! Me lo eché … ¡en el hombro! Y lo saqué … ¡juera del agua!

Medía … ¡más de tres pies de lalgo! Y pesaba … ¡más de vente libras! Reduje el salobín, casi a la mitá … ¡de mi palte! Pah abrijle paso … ¡al tiburón! Que era … ¡grande y pesao! Ya lijtos … ¡Y apagao el fuego! Emprendimos el camino … ¡de regreso! Felices y contentos … ¡de la gran pejca! Del citrato … ¡y la jaltera! Pero yo en ejpecial … ¡recoldando! Al tiburón que pejqué. Y me lo llevé … ¡pah casa!

Ahora … ¡dejpués de tanto tiempo! A esa pejca … ¡yo siepre la recueldo! Polque jue mi primer … ¡y único tiburón! Que tuve el gujto, y ahora … ¡el dijgujto de pejcar! Cosa de la cual … ¡hoy me arrepiento! Aunque ya … ¡no haya remedio! Pues con el tiempo aprendí. Una lejción … ¡qué nunca olvido! Lejción que ahora

... ¡siempre prajtico! Los tiburones, son algunos ... ¡de los pocos! Y últimos sobrevivientes, de la época ... ¡de los dinosaurios! Como lo son los elefantes, el dragón de Comodoro, las dijtintas ejpecies de cocodrilos, las dijtintas ejpecies de toltugas, los delfines, las ballenas ... ¡los manatíes! Además, de muy pocos otros ... ¡sobrevivientes! De aquella ... ¡tan Grandiosa Era!

Toítos ... ¡en peligro de ejtinción! Y con los cuales tenemos ... ¡una grande y legítima deuda! Por lo cual, es nuejtro deber ... ¡protejejlos! Polque una vez ... ¡desaparecíos! Ya nunca más ... ¡Los volveremos a ver! Aunque con mi amigo ... ¡muchas veces más! Por tos los mares del mundo ... ¡volvamos a pejcar!

**Fin**

**Moraleja:** Si tú eres débil. Y víjtima de los guapetones, repolta a tiempo ... ¡tus inquietudes! O bujca a otros ... ¡qué como tú! También sean ... ¡víjtimas! Es mejor folmar ... ¡un coldón de seguridá! Antes que sufrir ... ¡los atropellos! De aquellos, que quizás ... ¡por ijnorancia! Causan ... ¡desasosiego! Y no nos dejan ... ¡vivir en paz! Como le sucedía al amigo ... ¡Qué conocijtes hoy! En éjte ... ¡tan emocionante cuento!

# Capítulo # 19
# Hilo invisible

## Acto I: Un jíbaro americanizao

Jace ya … ¡muuuchos años! Un amigo mío, sufrió un cambio emocional … ¡muy juelte! Jue un trauma … ¡tan atroz! Que se creyó que era … ¡americano! Sí sííí. Pero no un americano …. ¡cualquiera! ¡No noooh! ¡Qué vaaah! Un americano … ¡de veldá! Sí sííí, un americano … ¡de primera!

Mira … ¡cómo jue eso! Y ya verás. Cuando éramos chiquitos … ¡ese amigo! Pasaba muchos fines de semana … ¡en mi casa! Nos íbamos a la mar … ¡o al río! A tirar anzuelo, tarraya … ¡A coger jueyes! O al monte … ¡a bujcar níos! O a seguir las gallinas. Pah saber, donde ponían … ¡los güevos!

Güeno, güeno … ¡qué no jacíamos! Y nos diveltíamos … ¡muchísimo! Pero a los dieciocho años … ¡al Ejélcito ingresó! Por allá … ¡le iba muy bien! Lo trijte era … ¡cuándo venía de pase! Parece, que algo le molejtaba. Sí sííí, polque de la puelta … ¡ya no pasaba! Ni a la mesa … ¡pah comer se sentaba!

Más bien, sus visitas eran … ¡cómo de quince o veinte minutos! De médico … ¡o de relámpago! Hajta que la fiebre de soldao … ¡se le quitó! Y el mieo … ¡de morir en combate! Antes de tiempo … ¡lo retiró! No noh, no es que juera … ¡un cobalde! No noooh. Jue … ¡qué no se atrevió! Dejpués, si alguna vez … ¡de nosotros se acoldó! No noooh. No de aquellos … ¡qué él visitaba! Cuando también él …

¡cómo nosotros! Era pobre. ¡Bien lo sabe Dios! Pero nadien, nadien … ¡nadien sabía la razón! De ese cambio … ¡tan atroz! Nadien … ¡hajta qué un día! El mijmo … ¡lo confesó!

— Es que ya … ¡ya yo no soy boricua! ¡No noooh! ¡Qué vaaah! Ahora yo soy … ¡puro americano! Sí sííí, americano, americano. Americano … ¡de veldá! Con letras … ¡grandes! ¡En mayújculas! Sí sííí, ya yo soy … ¡más americano! Que los americanos … ¡de Nueva Yolk! Y muchísimo más, que los paperos … ¡de Idajó! – Y tos de a montón, le folmaban … ¡un vacilón! Y bujlándose, le decían: – ¡Ay kokóóós! Qué delicado … ¡ejtá ejte jíbaro dejpijtao! – Pero él defendía … ¡ese capricho! Sí sííí, lo defendía … ¡con toas las juelzas! Que Dios … ¡o la naturaleza! Le dio. Tanto, tanto… Que lo tuvieron que dejar … ¡por loco! O … ¡por ganao! Aunque sin dueño. Y sin vaqueros … ¡se quedó!

Eso dicen. Tal vez … ¡o qué sé yo! La cosa jue … ¡qué su complejo de yanqui! De sus amigos, vecinos y parentela … ¡de tos se alejó! A muchos, les dio por llamajlo: Fulaninto, el gringo. Fulanito, el americanito sin título. Y otros lo llamaban … ¡Fulanito, el americanizao! O peor … ¡Fulanito, el gringo comejaibas!

Y como tos … ¡querían dajle un título! El que menos, lo llamaba … ¡Fulanito, el renegao! Pero tos lo miraban … ¡con mucho dejprecio! Ya nadien quería … ¡ser su amigo! Y lo echaban … ¡de su lao! Güeno, güeno. Él se creyó … ¡su propio cuento! Así vivió. ¡Y así murió! Con el sueño de ser … ¡americano! Cosa, que nunca logró. ¡Qué vaaah! Si la mancha de guineo … ¡se le pegó! Y aunque mucho trató, de su pellejo … ¡nunca se dejpegó! Y ahí incrujtá se quedó … ¡pah siempre! Como un tatuaje, que ejtá incrujtao … ¡en el cuero!

# Ajto II: Un amigo olvidadizo

Un güen día, yo regresé de Chicago. Y como ejtaba desempleao …. ¡Me dio por bujcar trabajo! Otro amigo me recomendó, ir a hablar … ¡con ese amigo! Que era jefe, en una petroquímica … ¡de Peñuelas! – ¡Ve y habla con él! – me dijo – Y por empleo … ¡no te preocupes! Que él te ayudará. – Yo, ni taldo ni perezoso … ¡jui a su casa! Y lo visité. Y como a un helmano … ¡lo saludé!

Luego de platicar … ¡por un ratito! Le ejpliqué … ¡el polqué! De mi visita. Aaay bendiiito. Creyendo yo … ¡qué nuejtra amijtá de niños! Sería un incentivo … ¡a mi favor! Caraaamba. ¡Qué ingenuo! ¡Qué tolpe jui! Al momento … ¡de esa visita me arrepentí! Ya mi mente … ¡no tuvo más reposo! Jue como bujcar miel … ¡en un avijpero! Sí sííí. Cuando las avijpas duelmen. Y ya tienen … ¡los ojos cerraos!

¿Te imaginas su rejpuejta? ¿No? Pues mira, te voy a ejplicar . Las avijpas … ¡no jacen miel! Y si tú les vas a pedir … ¿Qué te dan? ¿No sabes? ¿Noh? Pues … ¡picotazos, piquiña, jinchazón! Aaay mamá … ¿quieres más? Vas a ver … Vas a ver las preguntas … ¡que me jizo! Vas a ver … Vas a ver, por qué le llamaban … ¡el Gringo!

¿Te puedes imaginar? ¿Cuál jue, su primera pregunta? ¿Noh? Pues … ¿dónde trabajajtes antes? ¿Y dejpués? Y el último trabajo … ¿Cuándo jue, que lo dejajtes? – Jizo, como un inquisidor … Sí sííí. Un inquisidor … ¡de aquellos tiempos! Cuando la Iglesia Católica, bujcaba a los llamaos herejes. ¡Pah tolturajlos! O pah quemajlos vivos … ¡en una hoguera! Pues así jizo él … ¡con tantas preguntas! Pah tener … ¡de qué pegalse!

Dejpués me dice: – Yo por ti, no puedo jacer … ¡naaah! Solo te puedo recomendar … ¡qué regreses a Chicago! Ve una por una. Pero ve ... ¡a toas las fábricas! Donde antes trabajajtes. Quizás, si tienes suelte ... ¡Alguna quiera reemplealte! – ¡Qué clase de amigo! Al no ver yo, por ayudalme ... ¡voluntá ninguna! Y de interés ... ¡ni pijca! Di retroceso ... ¡al pensamiento! Claaaro. Si él ... ¡aunque pojtizo! Y manilo ... ¡es americano! ¿Cómo pues? Me podría tender ... ¿la mano? Si los americanos ... ¡son como las piedras! Y muchas veces ... ¡trajnochaos! Además, sufren mucho ... ¡por falta de velgüenza! (Planta que lleva ese nombre.)

Le dije adiós ... ¡y regresé a mi casa! Trijte, de haber peldío a un amigo. Y mandajlo ... ¡pal carajo! ¿Qué harías tú, en mi lugar? Sí síií. ¡Qué se quede por allá! Si dejpués de visitajlo ... ¡Ya no era! Aquel que de niños ... ¡nos alegrara la vida! Pero se jodió ... ¡bién jodío! Más jodío ... ¡qué yo!

Sí síií, polque años más talde ... ¡cerraron las petroquímicas! Y según le jicieron ... ¡a los demás! Él también jue tirao ... ¡Cómo una bolsa de ñoña, a la letrina! ¿Aaah? Pah que tú veas ... ¡Lo que es, el dejtino! El que aquí la jace ... ¡aquí la paga! Alguien lo cajtigó ... ¡por mí! Por ser ... ¡tan mal amigo!

Sí síií, lo botaron ... ¡como a una bolsa de ñoña! Sí síií, polque así son ... ¡los americanos! Cuando ya ... ¡no te necesitan! Te cogen ... ¡por la colita! Te meten ... ¡una güena patá! Y te mandan ... ¡pal carajo! Oye ... ¡pero qué cacho de bolsa! ¡Qué bolsa tan grande! Claaaro ... ¡así tenía que ser! Polque, mientras más grande ... ¡uno se cree ser! Igual o más grande ... ¡tiene que ser la bolsa! Sí síií, pah que quepa toa. Y ni una sola gotita ... ¡se pielda!

## Acto III: Qué ironía

Pocos años dejpués, tanto él ... ¡cómo muchos otros! Tuvo que vender ... ¡toooh lo que tenía! Y agarrar sus motetes. Sí síií, arrancar

... ¡pah Chicago! Pal mijmo sitio, donde algunos años antes, a mí de regreso ... ¡él me había mandao! Pero no jue ... ¡a vacilar! Como jacía ... ¡acá! ... ¡No noooh! Si noooh, a trabajar. ¡Y trabajar como un burro! Sí sííí. ¡Cómo un burro! Pah complacer ... ¡a los americanos! ¿Y sabes dónde, jue a parar? ¡Ríete! ¡Sí sííí, ríete! Entre, con ... ¡y pah los pueltorriqueños!

¡Qué ironía! Cosas veredes, Sancho. ¡Cosas veredes! – Como le decía Don Quijote, a Sancho Pansa, su ejcudero. – ¡Cosa veredes! – ¿Te imaginas? ¡Un americano pojtizo! Güeliéndole los peos ... ¡a los pueltorriqueños! Sí sííí, a los pueltorriqueños que viven. ¡En su tan amada, U.S. city! Que es ... ¡tan solo un cantito! De la nación ... ¡nolteamericana! De la cual él ... ¡tanto se vanagloriaba!

Aaay bendiiito. ¡Eso sí, que es ironía! A veces yo pienso ... ¡Qué algo siniejtro! Se ocultaba ... ¡En su tan amada ciudá! ¿Sería su dejtino? ¿Quién saaabe! Ni el frío ni la nieve. ¡Ocultan su maldá! La muejtran. La manifiejtan. ¡Hajta que un güen día! Ya ... ¡no la aguantan más!

Y jue así ... ¡Así jue que sucedió! Como dice la canción. Ahora, me pregunto yo. Si él era ... ¡tan americano! ¿Cómo jue posible? Que se juera a trabajar ... ¡ahí! ¿Cómo cualquier otro boricua? Aunque ya él, había renunciao ... ¡a su linaje borincano! Y ya no era ... ¡un purasangre! O sería ... ¿qué se le olvidó? Mmmj. ¡Quién saaabe!

Aunque, quizás sin querejlo ... ¡cometió un terrible error! Sí sííí, polque con su mancha de guineo ... ¡Se jue a vivir y a trabajar! A esa vecindá ... ¡supejlativamente boricua! Caraaamba. Tenía que ser ... ¡Qué se le olvidó! Que ya él ... ¡no era boricua! Mmmj, como decía un amigo: – ¡Cabe la posibilidá! – O sería, que pah él ... ¿no había más naaah? Seguuuro. Si donde quiera que se paraba ... ¡la mancha de guineo! Y su apellido ... ¡Siempre, siempre! Siempre lo delataban

... ¡Jue que se le olvidó! Que ni su sangre, ni su apellido. Y mucho menos, el color de su piel ... ¡eran gringos!

## Acto IV: El paraíso soñao

¿Y por qué? Una avalancha de nieve ... ¿se lo quiso tragar? ¡Quién saaabe! Pero jue así. ¡Así jue que sucedió! Cuando éramos niños ... ¡Él nos visitaba! A veces con nosotros ... ¡en la caña trabajaba! Juera con machete, con la azada ... ¡O a pico y pala! Pero un mal día, en su tan amá U.S. City ... ¡cayó mucha nieve!

Él, como otros tantos miles ... ¡quiso paliar! La que cayó en su pasillo. Dejpués de jacer ... ¡cómo sesenta años! Que no tocaba ... ¡una pala! Quizás pensó, que ejtaba en Lluveras. Sí sííí, acá ... ¡limpiando zanjas! Pero abrió la boca ... ¡bujcando aire! Que no era precisamente aire ... ¡con el frejquito de Ventanas! No noooh. ¡Era aire congelao! Por eso, un resoplón ... ¡de ese viento! Le tapó la boca ... ¡Y le pegó las nalgas!

Al pelcatalse del suceso ... ¡Lo jueron a socorrer! Pero al llegar los socorrijtas ... ¡Ya el pobre hombre ... ¡ejtaba ejtirao! Muelto, tieso, jecho una penca ... ¡de yelo! Con el frío que jacía ... ¡ejtaba tan congelao! Que ya naaah. ¡Se púo jacer! La ciencia de los americanos, siendo tan güena ... ¡y tan poderosa! Ni un solo pelito ... ¡le púo salvar!

Mientras eso sucedía, yo pensaba ... ¡Si hubiera ejtao acá, en Puelto Rico! Todavía ejtuviera vivo. Sí sííí. Polque si los dojtores de aquí ... ¡no podían! Pah eso tenemos ... ¡a los médicos chinos! Ellos ... ¡lo hubieran salvao! Sí, señor. ¡Claaaro que sííí! ¿No me lo crees? Pues, pah que no seas ... ¡incrédulo! Y creas ... ¡en mis ojselvaciones! Te lo voy ... ¡a probar!

Mira, en primer lugar … ¡él no hubiera tenío! Que salir juera … ¡del apaltamento! A paliar la nieve. Y por lógica, no le hubiera dao … ¡el infalto! En segundo lugar … ¡si le daba! No se hubiera congelao. Y si no ejtaba congelao, se le podía dar … ¡rejpiración altificial! Y su pecho … ¡siempre se movería! Pero, aaay bendiiito. Si ya ejtaba … ¡jecho yelo! Era imposible … ¡revivijlo! ¿Comprendes ahora? Me das … ¿o me quitas la razón, aaah? Sí síí. Polque a veces … ¡hay que ver, pah creer! Si uno dejconoce, las realidades … ¡de la vida!

¡Abe Maríía! Lo que son las cooosas. Jue acá … ¡dónde regresaríía! ¿Sabes por qué regresó? O mejor … ¿lo regresaron? Claaaro. ¡Si murió congelao! Y necesitaba calor. Sí síí, calor boricua … ¡pah dejcongelalse! Y no padecer de frío … ¡Durante su viaje ajtral! Camino … ¡a la etelnidá! Sí síí, Polque ese viaje … ¡es tan lalgo! Tan lejos … ¡y tan fríío! (lejos y lalgo, en ejte caso … ¡no es lo mijmo! Polque pueden haber … ¡culvas y tapones! De aquí … ¡al Paraíso!) Que si sales de Ejtados Unidos … ¡ya congelao! Llegas congelao … ¡al Paraíso! Oye … ¿y si allá? No hay calentadores … ¿Aaah? Alguna vez … ¿tú te lo has preguntao?

Siempre recuelda, que es mejor precaver … ¡Qué tener que remediar! Sí síí, polque por ahí dicen … ¡que allá! Las calles … ¡son de oro! Y que la mar … ¡es de crijtal! Pero de la temperatura … Mmmj. De esa … ¡De esa no dicen nah! ¿Cómo pues, será allá? Oye, acá entre nos … ¿y si es? ¡Cómo en Puelto Rico! ¿Aaah? ¡Qué chééévere seríía!

Sí síí. Polque entonces allá, no tendríamos … ¡qué paliar nieve! Ni usar abrigo … ¡ni temblar! Ejperando … ¡la jodía guagua! Cuando se talda … ¡o no llega! Ni tener mieo, que nos den … ¡un juanetazo! Pah quitalnos … ¡los chavos! Sí síí. Polque allá … ¡hay que trabajar! ¿No lo sabías? Pues mira, allá el que no trabaja … ¡no come! No nooh. Polque allá no hay güelfear … ¡ni mantengo! Como aquí.

Allá pah toh ... ¡hay qué tener chavos! Polque a los pelaos, los mandan ... ¡pal carajo! ¿No lo sabías? Pues mira, es güeno ... ¡qué lo sepas!

Al pensar en toh éjto ... ¡imagínate! Lo caro que le salió ... ¡ser gringo! Yo ... Mmmj. Yo mejor ... ¡me quedo aquí! Que yo prefiero morir, siendo un jíbarito ... ¡bieeen calieeente! ¿Aaah? Antes que morir, como viven y mueren los gringos. Mmmj. ¡Bieeen fríííos! Aaay bendiiito. Ja ja ja.

**Fin**

**Moraleja:** Si nacijtes aquí, en Puelto Rico ... ¡Siéntete olgulloso, u olgullosa! De tu ejtilpe ... ¡borincana! Y no te tendrás que rebajar ... ¡ni humillar! Aquí, ni allá ... ¡Ni en ninguna palte! ¡Carajo!

Trijte ... ¡de los americanizaos! Que se tienen que ir, a güelejle el fondillo ... ¡a los americanos! Aunque lo tengan ... ¡No noooh! No es ... ¡cómo lo digo yo! No noooh. Es como tú ... ¡lo ejtás pensando! ¡Kakáááo! Ja ja ja ... No pah crejto ... ¡ni pah cocoa! No noooh. Ni mucho menos ... ¡pah chocolate! Ja ja ja. ¡Aaay Dios míífo! ¡Qué vacilóóón! A causa ... ¡de ese ex-amigo mío! Que también pudo ser ... ¡un pariente, carajo! Ja ja ja.

# Capítulo # 20
# Los primeros terrícolas

## Introdujción

Hoy te quiero presentar ... ¡mi teoría! Sobre la primera invasión, del planeta Tierra. A propósito ... ¿quién le puso el nombre de Tierra? A nuejtro planeta. ¿Aaah? ¿No lo sabes? Pues ... ¡ni yo tampoco! Sería güeno ... ¡averiguajlo! Aunque por ahí dicen ... ¡que jue Adam! Un día, que dijcutió con Eva ... ¡por culpa de la manzana! Que se le cayó al suelo. Y él confundío no sabía ... ¡cómo decijle! Donde ejtaba.

Dejpués, él mijmo se preguntaba ... ¿Será telca? Al pasar del tiempo ... ¡ese nombre ... ¡jue cambiando! Hajta que llegamos ... ¡a la Tierra! De acueldo ... ¡con mi teoría! Pasó como con el nombre ... ¡de los apaches! Que primero eran ... ¡los apachurradores! Sí sííí, polque velaban a los blancos ... ¡Y cuando ejtaban dolmíos! Pah matajlos, sin jacer ruído. Pah que los otros ... ¡no se dejpeltaran! Con una piedra, le ejpachurraban ... ¡la cabeza!

Como los anglos, no podían pronunciar ... ¡ese nombre! Se lo acoltaron. Y dejde entonces ... ¡a esa tribu guerrera! Del oejte americano, se les conoce como ... ¡los apaches! Pues, cuídate tú. Que no te apachurren ... ¡la tuya! Ja ja ja. Igualito ... ¡qué con la manzana! Que Adam le pidió ... ¡a Eva! Por eso en lugar de la telca, ahora es ... ¡La Tierra! Pah que tú veas ... ¡cómo cambian las cosas! Y evoluciona ... ¡la lengua!

## Acto I: Astronautas y cojmonautas de la antigüedá

El nacimiento de la vegetación terrejtre, el nacimiento y multiplicación, de la fauna terrejtre y acuática. El desarrollo de las grandes bejtias. Y el desarrollo ... ¡de los seres humanos, en La Tierra! Tos tienen ... ¡un mijmo principio! Y un mijmo fin ... ¡Nosotros! Es preciso, que tú puedas comprender ... ¡éjta gran veldá!

Lee a conciencia ... ¡ejte ejcrito! Dejde su primera página ... ¡hajta el final! Y ya verás, que interesante es ... ¡ejta gran veldá! Es una nueva teoría. Sobre nuejtro desarrollo. Y por ende ... ¡de toh lo que nos rodea! Dejde el principio ... ¡hajta la etelnidá!

La primera invasión de la Tierra, la ejtinción de los dinosaurios, el origen de los primeros terrícolas ... ¡Y el por qué! De la multitú de razas humanas, idiomas orales y ejcritos. ¡Y la diferencia de fauna y flora! En tos los continentes. Y en tierras ... ¡más allá, de los continentes!

Dejpués de muchos ejtudios ... ¡yo he podío comprobar! Que tos tienen ... ¡un mijmo origen! Un mijmo desarrollo ... ¡y un mijmo resultado! Nosotros, los habitantes ... ¡del planeta Tierra! Los que se han ído, los que han llegao ... ¡y los que llegarán! Tanto del reino vegetal, el reino animal ... ¡cómo el reino humano!

## Acto II: Nueva teoría

Te voy a ejplicar ... ¡una nueva teoría! Que me acabo de ingeniar. No es totalmente mía, la idea. Pero sí cabe ... ¡la posibilidá! Es que ejtaba yo ... ¡ejcribiendo un cuento! Cuando la imagen ... ¡de un suceso! Dejpeltó en mi pensamiento ... ¡eso que es, actualmente increíble! Pero que mañana ... ¡cuándo sepamos con celteza! Entonces sí. Que lo que hoy ... ¡es fantasía! Mañana pase ... ¡a ser realidá! Y no tan solo ... ¡un cuento!

¿Qué de dónde salieron? ¡El primer hombre! Y la primera mujer. ¿Qué quién los inventó? Los jizo … ¿O los creó? Ejtudia bien … ¡ejte tratao filosófico! ¡Dale cránio! Y ya verás … ¡qué si no es! Como yo lo pinto, ejtá bien celquitita … ¡de la veldá! O por lo menos … ¡en el medio! Entre la fantasía y la realidá. ¡Quién saaabe!

Nosotros, tú y yo … ¡Conocemos a Dios! Como los curas, los minijtros, y tos los que predican el Evangelio … ¡lo presentan! Pero … ¡en realidá! ¿Será así? O hay algo … ¡mucho más profundo! Que nosotros dejconocemos. Cosa, que en algún momento futuro … ¿nos será manifejtao?

Según La Biblia, que es una colejción … ¡de libros hijtóricos! Que es considerá … ¡como un libro sagrao! Se narra la hijtoria … ¡del pueblo hebreo! (judío) Dejde La Creación … ¡en el Huelto del Edén! Hajta el nacimiento y la muelte … ¡de Jesucrijto!

Moisés, quien supuejtamente ejcribió, los primeros cinco libros … ¡de La Biblia! Comienza, presentando la creación … ¡del primer hombre y de la primera mujer! Es precisamente, en esa creación. ¡Dónde comienzan a flotar! Mis insijtentes pensamientos. Y la ausencia … ¡de realijtas rejpuejtas! A mis sinceras preguntas.

Los dojmas, los cucos, los mieos … ¡y los mitos! Han limitao … ¡la capacidá de muchos! A ejplorar y conocer. Y se han conflomao … ¡con ejplicar a medias! Los mijterios … ¡qué la creación divina encierra! Más bien, se han dedicao a repetir … ¡tos los dijparates que oyen! Y por fe acejtamos … ¿Pero será esa? ¡La única y ajsoluta veldá! O hay … ¡otra veldá! Que nosotros … ¡no queremos acejtar! Aún, con las pruebas y los datos … ¡en nuejtras propias manos!

## Acto III: Origen de lo dejconocío

A paltir de ejte momento recuerda, que cuando los ejpañoles ... ¡vinieron a América! No trajeron mujeres. Y que impusieron el crijtianijmo ... ¡No por fe o convijción! Si noh ... ¡a sangre y fuego! Y al que no lo aceptara ... ¡lo mataban! O lo quemaban ... ¡vivo! Como decía mi papá: – Acejtas el crijtianijmo ... ¡O te mueres! – Mmmj. Así ... así cualquieeera.

Génesis, es el primer libro de La Biblia. Si lees la Biblia, ya conocerás ... ¡los siguientes pasajes! Los cuales, se irán identificando durante la lejtura, por medio de su número.

1 - En el principio, creó Dios ... ¡los cielos y la tierra!
2 - La tierra ejtaba ... ¡desoldená y vacía!
3 - El ejpíritu de Dios ... ¡se movía! Sobre la faz de la tierra.
4 - Y dijo Dios: – Produjca la tierra, yelba velde, que dé semilla. Álboles que den fruto, según su ejpecie.
5 – Produjcan las aguas, seres vivientes. Produjca la tierra aves, que vuelen, sobre la faz la tierra. Produjca la tierra ... ¡seres vivientes!
6 – Frujtificaos, multiplicaos ... ¡Y henchid la tierra!
7 - Y creó Dios al hombre y a la mujer. Varón y hembra los creó.

Analicemos con sosiego. ¡Y sin prejuicios religiosos! Una posibilidá. De lo que púo haber pasao, al principio ... ¡de acueldo con La Biblia! Cuando el planeta ejtaba ... ¡desoldenao y vacío! Quizás sea, una nueva intelpretación. Muy diferente, a la ya conocía. Como notarás, ejte ejcrito ... ¡no tiene citas bíblicas! Aunque éjta, es una nueva intelpretación ... ¡del Viejo Tejtamento! Sobre nuejtro origen, en el Huelto del Edén.

(1) La Tierra, como tos los planetas del Univelso, que pueden ser ... ¡miles de millones! Probablemente, siempre ha ejsijtío. Pero

ejtaba, desoldená y vacía. ¡No ejsijtía vida en el planeta! Cuando una nave ejploradora, vagando por el ejpacio … ¡la dejcubrió!

(2) Al acelcalse y cilcunnavegajla … ¡sobre su faz! O sea, a un indetelminao número de millas o kilómetros … ¡sobre ella! Como lo jacen los aviones y otras naves … ¡de hoy día! Vieron a un planeta … ¡totalmente desolao! Sin vida vegetal, ni vida animal. Pero, con mucho potencial económico.

(3) Probablemente en esa y en otras naves ejploradoras, que le acompañaban .. ¡O que luego llegaron! Trajeron … ¡una inmensa cantidá de semillas! De toh tipo de plantas. Y álboles, de toas las ejpecies … ¡qué en su planeta había! Y quizás en folma ejperimental, las regaron … ¡por toh el planeta! Con la ejperanza … ¡de que gelminaran! Y se poblara … ¡toa la Tierra! Y las aguas, sean estas … lagos, ríos, mares y océanos, con esas semillas.

Cosa, que es ejsajtamente lo mijmo, que quieren jacer … ¡los americanos, los rusos, los chinos … ¡y otros! En el planeta Malte … ¡y en la Luna! Lo único, que ellos ejtaban … ¡muchos miles! O quizás … ¡millones de años! Más adelantaos … ¡que nosotros! Una vez, cumplía su misión … ¡se alejaron del planeta!

(4) Pasao, un número indetelminao de años. Decenas, cetenas, milenios, cientos de milenios … ¡Nadie sabe cuántos! Regresaron los ejploradores ejpaciales a … ¡La Tierra! Trayendo consigo, una inmensa cantidá de peces. De toas clases. Y los soltaron, en tos sus lagos, ríos, mares y océanos … ¡alrededor del planeta!

(6) Luego liberaron … ¡en los lugares apropiaos! Alrededor de la tierra … ¡una inmensa cantidá de animales! De muchas ejpecies. Y como ya se había creao, el medioambiente … ¡con vegetación! Ejtos animales ya tenían … ¡de qué alimentalse!

(7) Los soltaron, y dijeron: – Multiplicaos, llenen ... ¡y pueblen La Tierra! – Luego de cumplía su misión ... ¡se volvieron a alejar. Dándole tiempo a la naturaleza. A que se desarrollara ... ¡libremente! Polque su plan final era ... ¡colonizajla!

Al regresar ... ¡muchísimos años dejpués! Los ejploradores vieron ... ¡algo muy ejtraño! Muchos de los animales... ¡qué jueron plantaos en La Tierra! Crecieron ... ¡a un tamaño dejcomunal! Habían sulgío ... ¡las grandes bejtias! O dinosaurios ... ¡de la antigüedá! Que por millones de años ... ¡poblaron y dominaron la tierra!

Por ahora, vamos a poner ... ¡un punto sujpensivo, en Moisés! Y el Génesis. Dejpués, ataremos los cabos. Y ya tú verás la solpresa ... ¡Qué te vas a llevar! Ya tú verás ...

## Acto IV: Conquijta y colonización

En un punto dado, de la antigüedá. Una nave ejploradora, procedente del Planeta X ... (dejconocío) ¡volvió a visitar la Tierra! Ahora, de acueldo con la Biblia. ¡No había seres vivientes! Ni plantas ni animales, cuando Dios creó ... ¡el Huelto del Edén! Entonces ... ¿Quién creó a las grandes bejtias? Quizás, no te imaginas. Pues yo te diré, que jueron introducías ... ¡a La Tierra! Por los ejploradores ... ¡ejtraterrejtres!

Esas grandes bejtias ... ¡jueron ellos, los ETs! Quienes las introdujeron ... ¡a ejte planeta! Y los trajeron ... ¡cómo animales chiquitos! Por suelte pah ellos, el ambiente de aquí ... ¡les jue propicio! Y crecieron ... ¡muchísimo más grandes! Que los originales.

Pah que tú veas la posibilidá ... ¡de la diferencia en crecimiento! Compara la ejtatura de los pueltorriqueños ... ¡de los años cuarenta! Con los pueltorriqueños ... ¡de ahora! O la de los japoneses ... ¡antes de la Segunda Guerra! Y los japoneses ... ¡de ahora! Vas a notar ... ¡una malcá diferencia! En su ejtatura.

Si lo prefieres, polque ejtá ... ¡más celca de ti! Coge por lo menos ... ¡cuatro pollitos de purina! Y cuatro lechoncitos, de raza gigante. A dos de los pollitos, y a dos de los lechoncitos, les das una dieta ... ¡de poquita y mala comía! Y a los otros le das ... ¡tanta comía de calidá! Como ellos quieran comer ... ¡libremente y sin limitaciones! Y ya verás ... ¡qué diferencia en crecimiento! En seis meses, los que jueron bien alimentaos ... ¡Serán gigantes! Pero los otros ... Aaay bendiiito. Esos se verán ... ¡cómo enanos raquíticos!

En varias ocasiones ... ¡yo jice ese ejperimento! Si tú lo quieres verificar ... ¡Hazlo tú también! Y ya verás ... Recuelda que aquí en la tierra, ya la comía ... ¡sobreabundaba! Eso mijmo púo haber sucedío, con las grandes bejtias ... ¡de la antigüedá! Polque al ser traídos, ya aquí ... ¡se sobraba la comía! Mucha ... ¡y de alta calidá nutritiva! Y ellos, ejtaban libres, pah comer ... ¡noche y día! Y pah su desarrollo ... ¡tan dejcomunal! El medioambiente creao ... ¡les jue muy propicio!

Incontables años dejpués ... ¡al regresar a La Tierra! Y cilcunnavegajla ... ¡de Nolte a Sur! Y de Ejte ... ¡a Oejte! Y ejtudiar ... ¡el enolme potencial! Económico y poblacional ... ¡que nuejtro planeta ofrecía! Lo decidieron colonizar. Pero había ... ¡un enolme problema! Problema, que ellos mijmos ... ¡habían creao! Y ya sabiendo, trajeron los medios ... ¡pah eliminajlos! Antes de poner un pie ... ¡en ella!

Ahora ... ¿cómo jacejlo? Sin correr, tan enolme riejgo que ofrecían ... ¡semejantes bejtias! La lógica nos dice, que pah entre fieras vivir. Uno tiene que ser ... ¡superior a ellas! Y como no tenían ... ¡una mejor altelnativa! Decidieron pues, ejtelminajlas. Su tejnología ... ¡era muy avanzá! Y ya venían preparaos.

Dejde una mini nave, que en su nave nodriza traían ... ¡Dejde el aire! Usando rayos láser, rayos eléjtricos ... ¡o cualquier otro tipo de rayos! Y quizás ... ¡hajta veneno!Por centenares ... ¡los mataban! Por los medios usaos, no dejaron güellas visibles. ¡En los güesos, de semejantes bejtias! Tal como jicieron ... ¡los colonizadores europeos! Con los búfalos ... ¡o bisontes de la pradera! Qué por centenares ... ¡diariamente los mataban!

Una vez eliminao ... ¡o reducío el peligro! Los alienígenas ... ¡aterrizaron! Y como venían preparaos ... ¡cada rincón de la tierra, ejploraron! Jallaron ... ¡grandes riquezas! Plata, oro, piedras preciosas ... ¡Y quién sabe, cuantas cosas más! Recogieron ... ¡toooh lo que pudieron! Hajta llenar ... ¡toas las naves! Sí sííí, polque ... ¡cómo con Colón! Púo ser ... ¡más de una! Pero, probablemente sulgió ... ¡un problema! Como toh el ejpacio de las naves ... ¡se llenó de riquezas!

Un número de alienígenas ... ¡Juera voluntariamente! O jueran ... ¡obligaos! Aquí se quedaron. Y dejpués, de ellos ... ¡se olvidaron! Por muchos años ... ¡los que aquí quedaron ... ¡Quién saaabe! Por cuantos años ... ¡ejperaron su rejcate! Pero por ellos ... ¡nunca volvieron!

## Acto V: Los primeros terrícolas

(7) Los alienígenas, que aquí quedaron. ¡Se jueron multiplicando! Al principio, solo una mujer podía ... ¡o ejtaba autorizá a tener hijos! O jue que dejaron ... ¡una sola mujer! Y uno ... ¡o varios hombres! Eso no lo sabemos. Pero sí ... ¡cabe la posibilidá! Pah propagar su ejpecie. Semejante idea, en la actualidá es prajticá ... ¡por algunas ejpecies de animales! Con el tiempo, esa prájtica ... ¡jue evolucionando!

Es por esa mijma razón ... ¡qué nuejtro ADN! Nos conduce ... ¡hajta una sola mujer! Como la madre, de toh ser humano ... ¡Que habita en La Tierra! Seguuuro, si jue una sola mujer la autorizá, pah tener hijos! O era ... ¡solo una! Así ... ¡así cualquieeera!

Un güen día ... ¡no se sabe cuándo! La población alienígena, que quedó en La Tierra ... ¡se multiplicó! Y dejpués de ejperar ... ¡por muuuchos años! Como no venían por ellos ... ¡Peldieron la fe! Y ya, cansaos de ejperar ... ¡Decidieron consagralse, cómo terrícolas! Pero siempre con la fe ... ¡De algún día, ser rejcataos! Y retolnaos ... ¡a su planeta de origen!

De acueldo, con la promesa bíblica ... ¡Será su retolno, al Paraíso con Dios! Promesa, que aún sigue vigente ... ¡en La Biblia! Y se encuentra, multitú de veces ... ¡en ella! Y tos los creyentes del Evangelio, ejtamos ejperando ... ¡ese retolno! Jue pues ahí, donde se creó ... ¡el primer Huelto del Edén! En el que ellos dieron ... ¡sus primeros pasos! Y se consagraron ... ¡cómo terrícolas!

## Acto VI: Cruce de razas humanas

Dejpués de inmensurable tiempo. ¡Qué nadie sabe cuánto! Regresaron ... ¡los alienígenas! Trayendo consigo un número ... ¡de otros alienígenas! Que fungirían como ejclavos ... ¡o por contrato! Éjtos, trabajarían en las minas. Y toh otro tipo de trabajos, necesarios. ¡Pal desarrollo de sus comunidades! Durante su ejtadía en La Tierra. Quizás con ellos trajeron ... ¡muchas clases de aves! Como guacamayos, cotorras, cacatúas, palomas, pavos, patos, gansos ... ¡y muchísimas otras aves! Y otros animales.

Entre ellos perros, gatos ... ¡y otras majcotas! Que podían ser "invitro". Pah su alimentar, su terapia ... ¡y su divelsión! Cuando la nojtalgia ... ¡los abrumara! Pero quizás, más impoltante ... ¡pah soltajlos! Y dejajlos libres ... ¡en la inmensa Tierra! Pah crecer y multiplicalse! Quizás, eso tenga mucho que ver ... ¡con la diferencia de animales que hay ... ¡en cada continente!

Jue tal el tesoro ... ¡qué de aquí se llevaron! Que otras naciones ... ¡muy poderosas! Del Planeta X ... ¡Y quizás, de otros planetas! Sintieron envidia. Y quisieron ... ¡imitajlos! Tal, como jicieron los europeos ... ¡Cuándo Colón dejcubrió, a América! Prepararon ... ¡grandes ejpediciones! Pah visitar La Tierra! Una vez aquí ... ¡se jueron ubicando! Y colonizando ... ¡los grandes continentes! Y otros territorios más pequeños. Pero ricos ... ¡en reculsos naturales!

Ejtos recién llegaos, trajeron sus cojtumbres. ¡Sus idiomas ejcritos y orales! Sus conocimientos tejnológicos, sus habilidades, sus animales ... ¡y majcotas preferías. Multiplicando así, los que ya ... ¡se habían introducío! Y en un campo abielto ... ¡Cómo era la Tierra! Se sintieron ... ¡cómo en su casa!

La envidia, tanto aquí ... ¡como allá! Siempre ha ejsijtío. De lo cual, la Biblia da ... ¡tejtimonio! Pues sulgieron ... ¡muchos caudillos! Que se jacían llamar ... ¡dioses! Era gente muy sabia ... ¡y muy poderosa! Conocedora, de los grandes principios y mijterios ... ¡de la naturaleza! Que ahora, poco a poco ... ¡se van redejcubriendo!

En ciencia y tejnología ... ¡eran tan sabios! Que nadien sabe ... ¡Cuántos miles, cientos de miles ... ¡o millones de años jace! Que llegaron ... ¡a La Tierra! Por lógica, pah llegar a aquí ... ¡de tan lejos! Había que ser ... ¡genios! Polque los brutos ... ¡se quedaron allá! Y no llegaron ... ¡a ninguna palte! Así jue antes. Pero ahora ... ¡quién saaabe! Sí síí, polque de ellos ... ¡tragieron los genes! Y aquí ... ¡los regaron! Por eso es que hay ... ¡tantos brutos regaos! Aquí en La Tierra. Aaay bendiiito.

Esos dioses ... ¡siempre ejtaban en guerra! Unos contra otros. ¡Bujcando supremacía! Ellos eran, los que a base de sangre y fuego ... ¡gobelnaban! Igualito que ahora. Y siempre, imponían sus caprichos ... ¡sobre los pueblos más débiles!

Entre ellos, podemos mencionar a: Atlas, Zeus, Osiris, Diana, Mamón ... ¡Apolo! Y así ... ¡cientos o miles! La mitología antigua es riquísima ... ¡en deidades! Aún La Biblia ... ¡menciona muchos otros! Hay dos dioses, que reclaman supremacía ... ¡sobre tooos los otros dioses!

Es por eso, que el primer mandamiento ... ¡de La Biblia! Dice de uno de ellos: – No te harás imágenes, de dioses ajenos ... ¡delante de mí! – Dejde luego ... ¡Él no acejta la competencia! Caramba. ¿Te has preguntao tú, alguna vez? – ¿Qué es un dios ajeno? ¿Lo has pensao? Pues sería güeno ... ¡qué lo pensaras! Y bujcaras ... ¡la veldadera rejpuejta! Te voy a decir algo ... ¡que quizás, te solprenda!

Mira, cuándo tú leas La Biblia ... ¡sin prejuicios religiosos! Vas a conocer ... ¡Cómo Dios usaba, a los ijraelitas! Pah jacer sus guerras. ... ¡a otros pueblos! Que tenían ... ¡otros dioses! Pah luego ejtelminar ... ¡a los sobrevivientes! Y también ... ¡cómo cajtigaba! A los que desobedecían ... ¡sus óldenes! Y dejaban con vida ... ¡a sus enemigos!

Hay un tejto bíblico ... ¡a tales efejtos! Que dice: – El obedecer ... ¡es mejor! Que los sacrificios. – ¿Lo has leído alguna vez? Pues, podrás también leer ... ¡el premio que recibían! Por obedecer ... ¡tales óldenes! Aunque ... ¡muy poco de eso, se predica! O se habla ... ¡en las iglesias! Y si uno pregunta, le dicen: – ¡Tú tienes un demonio! ¡Qué el Señor lo reprenda!

Ésas, eran las guerras ... ¡entre el Dios de La Biblia! Y los otros dioses. O guerras ... ¡entre seres superiores! Que llegaron a La tierra. ¡Procedentes de otro! O varios otros ... ¡planetas! Y se adueñaron de ella. Como jicieron los europeos ..., ¡Cuándo se supo de África, Aujtralia ... ¡y de las Américas!

Esos dioses, usaban a los terrícolas ... ¡ya consagraos! Pah peliar ... ¡sus celejtiales guerras! Y pelseguir a los creyentes ... ¡seguidores de otros dioses! Igual que jacen, los americanos ... ¡pah doblegar a otras naciones! ¿De dónde tú crees? Qué sacaron ... ¿esa idea? Si lo analizas bien ... ¡Y sin prejuicios religiosos! Verás, que esa prájtica ... ¡sale direjtamente de la Biblia! ¿Dónde es? ¡Qué más se habla! De matar, conquijtar, dejtruir ... ¡De genocidio! ¿Y de ejclavitú? ¿No lo sabes? Lee el Viejo Tejtamento. Y conocerás ... ¡tantas grandes veldades! Que te solprenderás.

¿Por qué tú crees? Que los ijraelitas se creen ... ¡con derecho divino, celejjtial! ¿De matar y dejtruir ... ¿a otros pueblos? ¡Y apoderalse! ¿De sus riquezas y sus tierras? Te invito. ¡Lee el Viejo Tejtamento! En un montón de capítulos, de casi tos sus libros ... ¡Dejde el Génesis, hajta el último libro ... ¡del Viejo Tejtamento! Ejtá toooh lo concelniente ... ¡al caso! Léelos ... ¡y dale cajco! Ya verás ... ¡qué solpresa te llevas! Pero recuerda, los tienes que leer ... ¡en olden cronológica! Según jueron ejcritos.

Oye ... ¿alguna vez te has preguntao? ¿Quién era? El rey de los ejélcitos ... ¿de Ijrael? Y otra pregunta: – ¿Cuál es la función? De un ejélcito ... ¡almao hajta los dientes! ¿Y por qué? Iban los ijraelitas ... ¡nación por nación! ¡Pueblo por pueblo! Masacrando, a toooh el que caía ... ¡en sus manos! Toa ejta infolmación, la puedes leer ... ¡en La Biblia! En el Viejo Tejtamento.

Pah que tú, si todavía ... ¡no lo sabías! Ahora lo sepas. Hay dos dioses ... ¡qué aquí llegaron! Y reclaman ... ¡supremacía! Éjtos son los dioses ... ¡de la paz y de la guerra! Entre ellos dos ... ¡no se pelean! Pero sí ... ¡compiten!

Tos nosotros los conocemos. Polque lo aprendemos ... ¡en la iglesia! Ellos son ... ¡Jehová Dios! Y El Diablo. Uno, representa el bien. Y el otro ... ¡representa el mal! O por lo menos, eso es ... ¡lo que nos enseñan a creer!

## Acto VIII: Mutilación del planeta

Mientras, los pueblos crecían y se multiplicaban. Dejpués de un tiempo, también peldío … ¡pah la Hijtoria! A causa de sus guerras, epidemias, desajtres naturales … ¡Y muchas veces! Desajtres causaos … ¡por ellos mijmos! Y quizás … ¡por desajtres cójmicos! Y aún, por cataclijmos naturales. Como cambios climáticos … ¡gigantejcas erujciones volcánicas, gigantejcos terremotos … ¡Muchísimos murieron! Y se reducía … ¡su nacimiento!

Oye, a veces yo pienso. ¡Que en algún punto! De la prehijtoria … ¡Quizás, cientos de miles de años! Antes de lo ya conocío … ¡la Tierra se paltió! O la paltieron … ¡por el medio! Así, como coger una china. (naranja) ¡Y paltijla por la mitá! Voltiar las dos mitades … ¡y volvejlas a pegar! Pero juntando … ¡las dos caras! Y cuando toh se calmó, La Tierra quedó, más o menos … ¡cómo ejtá ahora!

Por eso es que hay … ¡tantos vejtigios del mar! Aún en las montañas más altas … ¡de La Tierra! Y se encuentra petrolio, en las profundidades del mar … ¡y de La Tierra! Y muchos minerales y piedras preciosas, en las profundidades y por encimita … ¡del fondo del mar y de la tierra! (La Tierra, es el planeta. Y la tierra es palte … ¡de su componente!)

Hay arena del mar … ¡en muchos lugares altos! Como el desielto de Arabia, el desielto de Arizona, el de China … ¡Y otros muchos lugares! Alrededor del planeta. ¿Te has preguntao alguna vez? ¿Por qué éjto es así? Sería güeno, que lo analizaras. Y si te es posible … ¡qué lo ejtudies!

Sí sííí, polque un acontecimiento … ¡cómo ese! Pudo haber sío la causa … ¡del Diluvio Univelsal! Pero causao … ¡por una guerra entre los dioses! Que conocían … ¡los mijterios de la ciencia! Y podían soltar los demonios … ¡sin ninguna clemencia! Sí sííí, polque en la Biblia, quizás no lo dice ... ¡direjtamente! Pero sí te dice, que por la maldá de los hombres ... ¡la Tierra sería dejtruída! Y sabrá Dios, cuantas veces ... ¡ya ha lo hah sío! Y se havuelto ... ¡a rejtaurar! Todavía no lo sabemos. Pero un día ... ¡se sabrá!

Aunque Moisés lo pintó ... ¡de otra manera! Y quizás ocultó ... ¡la veldá! De lo que sucedió ... ¡en aquel entonces! Pah que la gente ... ¡en él creyera! Ahora, pah que pienses ... ¡en esa posibilidá! Te voy a jacer ... ¡una pregunta de comparación! ¿No tienen? ¡Ahora mijmo en sus manos! Los rusos, los americanos, los chinos, los franceses, los ingleses, los induúes (La India) ... los pakijtaníes ... ¡los ijraelitas! Y algunos otros países ... ¡el alsenal atómico suficiente! Pah jacer añicos ... ¿al planeta Tierra? Y jacelnos desaparecer ... ¿del Univelso? Eso mijmo ... ¿no habrá sucedío ya, otras veces? Y nos dan la velsión ... ¿del diluvio? ¡Quiééén saaabe!

Con el tiempo, los sobrevivientes ... ¡de las guerras de sus dioses! Sintiéndose muy oprimíos ... ¡se sublevaron! Y derrotaron ... ¡a los recién llegaos! Éjtos, al velse peldíos, dejtruyeron toh ... ¡lo que no se llevaron! Como jicieron los europeos. Cuando del continente africano ... ¡jueron ejpulsaos! Dejpués de su huída, al faltar la comunicación ... ¡y la tanjpoltación! La poca y mala ... ¡qué quedó! Polque la mejor, jue dejtruía ... ¡O se la llevaron! Los continentes ... ¡se incomunicaron!

Las naciones ya ejtablecías ... ¡malcaron fronteras! Y se aijlaron por razas ... ¡y por idiomas! Por lenguajes ... ¡y/o cojtumbres! Dejde entonces, siempre siempre ... ¡siempre se las han pasao guerriando! El más juelte, siempre queriendo someter ... ¡al más débil! Igualito que ahora. Herencia egoíjta que data ... de miles ... ¡o millones de años!

Sabrá Dios ... ¡cuántas razas humanas! Han sido ejtelminás, por el egoijmo ... ¡de los poderosos! Solo en América, con la llegá de Colón. Y luego los ingleses … ¡y franceses! Jueron cientos. Y quién sabe … ¡si miles de razas ejteminás! En África, en Australia, en "Jauai", en Filipinas … ¡Y muchos otros países! Quizás, son miles de razas humanas… ¡ejtelminás! En los últimos … ¡seiscientos u ochocientos años! Y antes … ¿a cuántos otros miles? ¡Y cuántas de ellas! ¿Serían ejtelminás, por los religiosos? ¡De toas las religiones! Aún aquellas … ¿qué profesan a Dios? O hablan … ¿de la democracia?

Güeno, güeno … ¡Volviendo al tema! ¿Te has preguntao alguna vez? ¿Por qué? La gente de cada continente … ¡tiene carajteríjticas físicas! ¿Tan diferentes? Dijtintos idiomas … ¿y hajta animales tan diferentes? Quizás toh ejto … ¡tenga mucho que ver! Con esos alienígenas … ¡qué llegaron a La Tierra! Procedentes … ¡de divelsas regiones, o continentes … ¡de su planeta original! O … ¡de dijtintos planetas! Sí síí, por las majcotas … ¡que trajeron! Y el lugar … ¡dónde se ubicaron! Eso, aún no lo sabemos. Pero algún día, con tantos ejtudios … ¡qué se ejtán realizando! Ya algún día … ¡lo dejcubriremos!

## Acto IX: División del planeta

1- Analicemos el caso. En África, los habitantes son negros. Hay gorilas, chimpancés, elefantes, jirafas, zebras, hipopótamos … ¡y otras ejpecies ejclusivas … ¡de ese continente!

2- En Aujtralia, los habitantes son aborígenes negros. Éjtos son negros … ¡muy diferentes! A los negros de África. Y cuando ejsaminamos la fauna … ¡es tan diferente! Que en naaah se parece … ¡a la fauna africana! O a la fauna … ¡de los otros continentes!

3- En Europa … ¡son blancos! Aunque, dejpués de las últimas dos guerras, ahí se han ido a vivir otros … ¡no blancos! Su fauna … ¡también es diferente!

4- En América del Nolte eran … ¡ejquimales e indios! Y la fauna, también diferente … ¡a de los otros continentes!

5- América del Sur ... De esa, ni hablar. ¡Tos eran indios! Y su fauna ... ¡muy abundante y divelsa. Pero también muy diferente, a la de tos ... ¡los demás continentes!

6- En Asia, los habitantes tienen ... ¡muchos rajgos en común! Pero son ... ¡totalmente diferentes! A los demás habitantes ... ¡del planeta! Y su fauna ... ¡también es diferente!

Cuando dividimos ... ¡la población mundial por razas! Automáticamente nos damos cuenta. Que la población blanca es ... ¡una ínfima minoría! Entre todas las razas humanas ... ¡del Planeta!

Ahora, si a toas ejtas diferencias ... ¡le añadimos! El idioma hablao y ejcrito... ¡de cada pueblo! Es como si se hubieran encontrao. ¡En algún momento de la prehijtoria! Gente de orígenes dijtintos ... ¡uníos entre sí como humanos! Pero dijpelsos en grupos ... ¡por toh el planeta! Con una gran multitú de razas, sin realmente saber ... ¡nuejtro veldadero origen!

Entre tos los pueblos ... ¡del mundo antiguo! Hay uno ... ¡que se dijtingue de los otros! Aunque, según los ejtudiosos de La Biblia ... ¡Solo tiene, de ejsijtencia en la tierra! Poco más ... ¡de siete mil años! Cuando sabemos ... ¡qué la vida aquí! Tiene cientos de miles ... ¡O hajta millones de años!

La vida en la Tierra, como tal ... ¡tiene cientos de millones, de años! Comprobaos, por los güesos focilizaos, de los dinosaurios. Que vivieron ... ¡jace muchos millones de años! Supuejtamente, antes de la Creación ... ¡en el Huelto del Edén! Pues ese grupo ... no se dijtingue ... ¡por su color, o por su idioma necesariamente. Si noh ... ¡por sus creencias religiosas! Y por su complejo ... ¡de superioridá genética! Ya más adelante ... ¡los conocerás!

## Acto X: Guerra de los dioses

Dejpués, que los alienígenas recién llegaos ... ¡jueron ejpulsaos! Las poblaciones ... ¡se multiplicaron! Pero las naciones más poderosas, heredaron la violencia ... ¡de los ejpulsaos! Y hajta el día de hoy, esas guerras ... ¡no han cesao!

¿Te has preguntao alguna vez? ¿Por qué hay? Tantas razas, de seres humanos ... ¿Qué habitan el planeta! Y porqué las guerras ... ¿no tienen fin? Pues aquí, las tienes. Ejtudia ejta teoría. Y le jallarás ... ¡mucho sentío!

Quizás éjtas ... ¡y otras causas! Dieron al trajte ... ¡con grandes civilizaciones! Que solo dejaron ... ¡vejtigios de su grandeza! Y alguna que otra huella. ¡Las intelminables pruebas! Ejtán dijpelsas ... ¡por el mundo! Dijpuejtas, pah toh aquel ... ¡qué las quiera acejtar! Y aún ... ¡pah los incrédulos! Que quieran matar ... ¡su curiosidá! Pero que a la lalga, tendrán que creer ... ¡esa gran veldá!

## Acto XI: De regreso a Moisés

Ya sabemos ... ¡quienes jueron! Los primeros pobladores de la Tierra. ¡Cómo llegaron a aquí! Y sabemos ... ¡cómo se ejtelminaron los dinosaurios! Y si eran o no, de aquí. ¡Y porqué! No se han encontrao, mayor número de objetos ... ¡alienígenas! Sabemos de onde salieron ... ¡las dijtintas razas humanas! Y los dijtintos idiomas ... ¡ejcritos y hablaos! Y las dijtintas cojtumbres.

Ahora, podemos volver a Moisés. Y al primer libro sagrao. – ¿Qué es la fe? – Es pues la fe ... ¡la sujtancia! De las cosas ... ¡qué se ejperan! Y la demojtración de las cosas ... ¡qué no se ven! – Y yo ... ¡simple moltal! La tradujco de ejte modo: Yo tengo fe. ¡Qué el día menos pensao! Seré dueño ajsoluto ... ¡de un trasajlántico! Tan grande ... ¡y poderoso! Que cruce ... ¡los mares del mundo!

Le digo a mi amigo ... ¡mi fe tras ese deseo! Y él me promete prejtar ... ¡docientos cincuenta millones de dólares! Pah que yo ... ¡lo compre! Pero el problema es, que él ejtá ... ¡tan pelao como yo! Por lo cual, los dos vivimos ... ¡pelaos y soñando! Eso sí ... ¡llenos de fe! Pero ... ¿se realizará ese sueño? Mmmj. Como dijo aquel que dijo: – ¡Cuándo Colón baje el deo! – Las cosas ... ¡son cómo son! Y no cambian, por nuejtro capricho. ¡O por nuejtro deseo! Pero los crédulos, con su fe ... ¡viven y mueren soñando!

## Acto XII: Fe, o sueño

El otro día, un religioso fiebrú, se quejaba ... ¡Polque peldió su trabajo! Y ya, se le ejtaban agotando ... ¡los chavos acumulaos! Yo, que también ejtaba desempleao, le dije: – Mira, haz como yo. Ponte a ejcribir ... ¡el libro de tu vida! Lo imprimes, lo pones en intelnet. Y en poco tiempo ... ¡ya no te preocupará! Si trabajas o no. Polque ejtarás recibiendo ... ¡algunos chavos!

– Sí, pero se me acaba ... ¡lo poquito que me queda! ¿Y si dejpués no se vende, aaah? – Pero ... ¡tú no crees, no tienes fe? – Precisamente por la fe ... ¡es que me ejtoy pelando! – ¿Cómo así? ¡Cuéntame! – Sí, polque dejde que peldí mi trabajo. Jace ya ... ¡un año! Ejtoy orando. Pero ... ¡nah se mueve!

– Mira, haz lo siguiente: Dedica, las primeras tres horas del día. ¡Dejde las ocho de la mañana. A lo siguiente: Ve, una por una ... ¡a toas las indujtrias ejsijtentes! En Ponce, Peñuelas, Guayanilla, Yauco ... ¡y demás pueblos celcanos! Ya verás, como sí consigues ... ¡un güen trabajo! Mentalmente, le pides a Dios ... ¡qué te guíe! Al lugar ... ¡más adecuao!

– Caraaamba. ¿Sabes qué? Eso … ¡eso yo, no lo había pensao! Seguiré tu consejo. Mañana tempranito, ya yo … ¡lo ejtaré bujcando!
– El domingo lo encontré … ¡Muy contento platicando! Contándole a sus amigos. ¡Cómo, siguiendo mi consejo! Ya él … ¡ejtaba trabajando! ¿Ya vez? Es como dice La Biblia … ¡La fe sin obras, es muelta!

Uno puede tener … ¡toa la fe del mundo! Y pasalse orando sin cesar … ¡tos los días de su vida! Pero, si no ajtúa. Es como un dron de metal vacío. ¡Qué si lo echas a rodar! Por una cuejta … ¡llena de piedras! Jace … ¡mucho ruído! Como un címbalo … ¡que retiñe! Pero, por dentro … ¡No tiene naaah! Claaaro. ¡Si ejtá vacío! Digo … ¡algo que puedas tocar! Polque de aire … ¡siempre está lleno!

Así son … ¡muchos religiosos! Mmmj. Violando muchos … ¡de sus mandatos! La Biblia les llama … ¡Címbalos que retiñen! Por eso yo digo, que de la fe … ¡a la realidá! Hay un gran trecho … ¡qué andar! Recuelda siempre … ¡Qué hay una gran diferencia! Entre la fe … ¡y la credulidá! La ajción … ¡y un sueño! Pah que puedas comprender … ¡ejtos dos principios! Te voy a presentar … ¡un caso! Tal como a mí … ¡me lo contaron!

## Acto XIII: Fe en acción

Mira … ¡hay dos jóvenes aplicando! Pah una plaza de bomberos dijponible … ¡en Yauco! El jefe del depaltamento, los lleva a dos promontorios … ¡llenitos de basura! Le entrega un balde … ¡a cada uno! Luego les dice: – En ese tanque hay agua. Yo le voy a pegar fuego … ¡a esos dos basureros! El primero, que apague el suyo … ¡será empleao! Y el otro, se puede ir pal … Sí sííí, pal lugar que él quiera. Polque aquí … ¡ha telminao!

Una vez en posición … ¡le prendió fuego! Rápidamente … ¡uno se puso a orar! Pidiéndole a Dios … ¡por su ayuda! Mientras que el otro ... ¡agarró su balde! Y llenándolo de agua ... ¡corrió hacia el fuego! Pensando: – ¡Dios mío, ayúdame a apagajlo! – Cuando el que oraba ... ¡telminó su oración! Y agarró su balde ... Mmmj. Ya su fuego ... ¡era imparable!

Conclusión: Dios te puede dar ... ¡enelgías! Pero Él, no va a jacer ... ¡tu trabajo! Es como aquel que dijo: – Si tienes fe ... ¡la montaña se moverá! – ¡Claaaro que se mueve! Si es de nieve. O si es ... ¡de arena finitita! Ejtá en el desielto y se desata ... ¡una gran tolmenta! De viento solano ... ¡qué dure por semanas! Se mueve ... ¡polque se mueve! Pero noh ... ¡polque tú orajtes! Si noooh, polque a la naturaleza ... ¡le dio la gana! Y de vez en cuando ... ¡le place!

## Acto XIV... Engaños y mentiras

### Libro de Génesis

Cuando hablamos de Moisés ... ¡sería güeno! Uno preguntalse: ¿Decía él, siempre la veldá? O se ejcribieron cosas ... ¡qué no eran cieltas! Pero por conveniencia ... ¿se mentía o se engañaba? Pues veamos ... ¡su propio caso! Sí sííí, el caso de Moisés. ¿Sabes de quién era hijo? – Pues, de acueldo con La Biblia ... ¡él era judío! Aunque yo pelsonalmente ... ¡no he podío encontrar en La Biblia! El nombre de su papá. ¿Dónde se crio? – Jue en la casa, del Faraón de Egijto. Como si juera ... ¡su hijo! – ¿Por qué Colte se pasiaba? – Por la Colte ... ¡del Faraón! – ¿Dónde y con quiénes, él ejtudió? – ¡Con los Grandes Hombres! En las famosas univelsidades ... ¡del Faraón!

– ¿Qué ajceso tenía? A la alta cultura ... ¿de sus tiempos? – ¡Toooa la que él quisiera! – ¿En qué bibliotecas ejtudiaba? ¿A qué libros tenía ajceso? – ¿No te imaginas? Pues te lo diré. A tos los que a él le dio ... ¡su soberana gana! Claaaro, si se crio ... ¡cómo hijo del Faraón!

– ¿Cuántas dejtrezas, habilidades y conocimientos? Ajquirió … ¿y desarrolló? – ¡Toas las que él quiso! – Al principio, de recién nació … ¿cómo llegó al palacio del Faraón? – Jue precisamente, mediante un truco. O un engaño. Planiao y ejecutao … ¡por su propia madre!

– ¿Y de dónde? El sacó la idea … ¿del Huelto del Edén y la Creación? – Pues, con muy poco ejfuelzo mental … ¡ya la sabes! Probablemente se la copió. Toas ejtas preguntas … ¡deberían ser ejtudiás! Por los ejtudiosos … ¡del Génesis!

Aunque probablemente … ¡nunca lo acejtarán! Polque no se pueden contradecir … ¡en sus propias creencias! O en sus propios engaños. Sí sííí, polque hay un libro … ¡antiquísimo! Muchísimo más viejo … ¡qué el libro del Génesis! Que jue ejcrito … ¡por Moisés! Libro, que muchos ejtudiosos llaman … ¡un retrato hablao! De aquel antiquísimo libro. Que él, muy bien leía. Polque era ejpelto … ¡intelpretando jeroglíficos!

Ahora, la pregunta es: ¿Quién se lo copió? Y dejpués lo presentaron … ¿cómo ejcrito por él? De seguro … ¡no jueron los antiguos egijcios! Por otro lao … ¡difícilmente! Dios iba a presentar … ¡la mijma creación! En dos épocas … ¡dijtintas! En el mijmo lugar … ¡O en otro diferente! No tendría … ¡lógica!

Algo pasó, pah que Moisés ejcribiera … ¡una segunda velsión! De la mijma creación. Entonces … ¿qué sucedió? Si sencillamente leemos. E intelpretamos … ¡cómo pelsonas libres, de prejuicios religiosos! Y podemos dijcelnir y separar la gijnasia … ¡de la majnesia! De la realidá … ¡y del engaño! Sobre la veldá … ¡y la mentira! Tendríamos, que rejtajle credibilidá … ¡a Moisés!

Tendríamos que reconocer … ¡qué en muchas ocasiones! El engaño y la mentira, ¡jugaron un papel … ¡muy impoltante! En el desarrollo de un plan. ¡Qué jue trazao! Por un ser Superior. Ese ser, a quien nosotros llamamos ... ¡Jehová Dios! Sí sííí, polque jue Él ... Quién desarrolló ... ¡al pueblo judío! Si lees. Y entiendes bien ... ¡La Biblia! Dejcubrirás muchos pasajes bíblicos ... ¡qué no jueron reales! Sinó que son ... ¡mal intelpretaos!

Al final de ejte ejcrito te presentaré ... ¡algunas injtancias bíblicas! Dónde las falsas veldades y el engaño ... ¡jugaron un papel fundamental! En el desarrollo humano ... ¡del pueblo judío! Paltiendo, dejde el principio del Génesis ... ¡hajta el presente!

## Acto XV: Creación de un nuevo pueblo

Hagamos conjeturas: Supongamos, que una nueva oleá ... ¡de alienígenas! Regresa a la Tierra. ¿Cuáles serían, sus primeras necesidades? ¡Yo te las diré, sin titubeos! Las mijmas ... ¡qué las nuejtras! Ropa, zapatos, casa ... ¡y comía! Y dejpués ... ¡poder! Pero, si son recién llegaos. No tienen un pueblo ... ¡qué los siga! Por lo cual ... ¡necesitan uno!

¿Sabes tú? ¡Cuál es! El camino más seguro. Pah tener un pueblo ... ¿sumiso y obediente? Que siga sus óldenes y mandatos ... ¿sin protejtar? Sabiendo éjto. Si nos remontamos al Génesis. ¿Cuál sería ese pueblo? ¿No te lo imaginas? Pues ... ¡te lo diré! Aunque, si has leío la Biblia ... ¡Lo debes saber! Claaaro. ¡El pueblo hebreo, o judío! Por eso, a mi entender ... ¡Moisés ejcribió, lo que ejcribió! ¡Y cómo lo ejcribió! En ello ... ¡le iba la vida!

Tengamos presente, que pah los alienígenas ... ¡el tiempo, puede ser relativo! Como es el tiempo ... ¡pah los chinos! Un pueblo que se prepara ... ¡pensando en el mañana!

## Acto XVI: Resumen

A La Tierra llegó ... ¡jace ya, millones de años! Una nave alienígena, y aterrizó aquí. ¡En ejte planeta! Pero lo encontró ... ¡desoldenao! Desielto y vacío! No ajta, pah ser colonizao. Y ejplotar, sus reculsos naturales. Pah llevajlos ... ¡a su planeta de origen!

Pah preparajlo, y jacejlo habitable ... ¡dijpelsaron, toa clase de semillas! De plantas, y álboles ... ¡terrejtres y acuáticos! Luego liberaron ... ¡toa clase de animales! Terrejtres, acuáticos ... ¡aves y peces! De toas clases ... ¡y ejpecies! Pah que se jueran adajtando, multiplicando ... ¡y poblando el planeta!

El ambiente creao ... ¡jue tan propicio! Que muchos, de esos animales, aves, peces y álboles ... ¡crecieron gigantes! Y pasaron ... ¡cientos, o miles de años! Olvidaos, en nuejtro planeta. Hajta que un día ... ¡regresaron! Como ya sabían, o se imaginaban ... ¡lo que habían dejao! Y lo que encontrarían ... ¡Vinieron, bien preparaos!

Las grandes bejtias ... ¡que aquí encontraron! Eran, muy peligrosas. Y muchas de ellas ... ¡debían ser, ejtelminás! Por eso, por medios tejnológicos ... ¡las mataron! Sí sí, esas que hoy nosotros llamamos ... ¡dinosaurios! Y solo dejaron, a los animales que consideraron ... ¡no tan peligrosos!

Entre ellos, podemos mencionar ... los elefantes, los rinocerontes, los tigres, los leones, los cocodrilos, los tiburones, las ballenas, los dragones de comodoro ... ¡y muchos otros! Pah sus fines, de colonización.

Pah su propia complacencia. Y podejles dar ... ¡un sentío de peltenencia! A futuras generaciones, mucho antes de Moisés ejcribieron ... ¡una creación humana! Conocía ajtualmente como: La Creación de Adam y Eva … ¡en el Huelto del Edén! Aunque originalmente, esos no eran … ¡sus veldaderos nombres!

De aquel libro, Moisés probablemente usó la idea. Pah ejcribir el libro … ¡del Génesis! O … ¡Principio! En el cual narra la creación … ¡de su propio mundo! Y la del ser humano. Que en este caso … ¡serían los hebreos! Como prueba hijtórica, visual y tangible. Dijpelsos por toooh el mundo … ¡hay infinidá de monumentos! Tanto visuales, tangibles … ¡cómo ejcritos! Que son tan antiguos, que se dejconoce … ¡su origen y su tiempo! Pero sí se sabe … ¡Qué son muchísimo más antiguos! Que la ejcritura … ¡del Génesis! Que según, los ejtudiosos de La Biblia. Apenas tiene … ¡poco más, de siete mil años! De haber sido ejcrito. De acueldo … ¡con los que lo ejtudian!

Muchos de esos monumentos … ¡son tan increíbles! Qué hajta hoy … ¡ni aún, con toa la tejnología modelna! Se pueden igualar. Y pah beneficio … ¡de la humanidá! Muchos ejtán a la dijposición … ¡de toh aquel! Que se interese por conocer … ¡la veldá de nuejtro origen!

Si tú puedes … ¡trata de ejtudiar, averiguar, o visitar! Las ruinas de Puma Puncu, Machu Pichu, las pirámides de Egijto … ¡y muchas otras! En Sur América, en Méjico. Y muchos otros lugares … ¡alrededor del Mundo! No creas … ¡simplemente por creer! No dejes … ¡qué te engañen!

¿Quiénes jicieron? ¡Esos monumentos! ¿Cómo los jicieron? ¿Cuándo las jicieron? Sí sííí. Polque hajta hoy … ¡es toh un mijterio! Oye … ¡y hablando de mijterios! Hay una torre … ¡de la Antigüedá! Sí sííí. ¡La Torre de Babel!

A veces yo me pregunto, de esa torre, La Biblia dice … ¡qué no latelminaron! Sería güeno, considerar la idea. ¿Sabes por qué? Polque cuando llegaron … ¡los nuevos alienígenas! En la segunda … ¡o telcera oleá! Traídos a La Tierra, pah trabajar en ella … ¡hablaban dijtintos idiomas! Y no se entendían ... ¡entre sí! Como sucedió con los ejclavos … ¡traídos a América! Lo único, que pah sembrar maíz, tomates, lechugas y algodón, no necesitaban … ¡hablar inglés! Y por la confusión … ¡qué se folmó! Tuvieron que paralizar … ¡la obra!

Entonces … ¿cuál es nuejtra procedencia? ¿Quiénes somos? – Pah salir de la duda. Y dejpués, de haber leído … ¡ejte tratado filosófico! Sobre la primera creación. Y comparajla … ¡con el Génesis! Yo tranquilamente … ¡te puedo decir: ¡Tú y yo, somos los dejcendientes! De aquellos alienígenas, que jace … ¡sabrá Dios, cuánto tiempo! Llegaron aquí … ¡a La Tierra! Y plantaron … ¡nuejtra semilla!

Pues por su gracia, como aquí en Puelto Rico, tenemos gente … ¡de toooh el mundo! Tooos nosotros, somos herederos genéticos … ¡de aquellos pobladores! Que en tiempos remotos … ¡abandonaron su planeta! Pah traelnos a nacer acá, en Puelto Rico. ¡Y por toooh, nuejtro bendito planeta!

Por lo tanto, tú y yo somos … ¡ETs! Aunque tú … ¡lo dudes! O … ¡no lo creas! Somos ETs … ¡aclimataos! Y creadores … ¡de una nueva ejpecie! La ejpecie … ¡"ET poltorrisense"! O si lo prefieres … ¡La ejpecie ET pueltorriqueña! Así, como los demás ETs, de tooos los países … ¡del mundo!

## Acto XVI: Parece increíble

Creencias van … ¡y creencias vienen! Teorías van … ¡y teorías vienen! Pero nadien sabe … ¡a ciencia cielta! La Veldá … ¡de nuejtro origen! O … ¡de nuejtra procedencia! La aquí presentá, incluye una gama … ¡de posibilidades! Toas relacionás. ¡Y muy unidas … ¡en una sola idea! "Quiénes somos. De dónde salimos.Y nuejtras antiquísimas ... ¡cilcunjtancias!" Que nos han conducío ... ¡hajta el presente!

Teoría, que una vez dejpojaos ... ¡de tooos los prejuicios religiosos! Debe ser ejtudiá ... ¡Aún por los grandes teólogos! De toooas las religiones ... ¡del mundo! Que por convijciones teológicas ... ¡o por pura demagogia! Han cerrao ojos y oídos ... ¡a tooas las pruebas y dejcubrimientos! Que no deberían de plano, ... ¡ser rechazaos!

Pah poder entender ... ¡la relación! Entre los terrícolas ... ¡y los alienígenas! Hay que dajle, un poquito de cajco ... ¡a la idea! Y regresar ... ¡a La Biblia! Mira ... si las mujeres terrícolas ... ¡no eran divinas! ¿Cómo jue posible? Que los hijos de Dios ... ¡qué sí, eran divinos! Se unieran con ellas ... ¡Y tuvieran hijos e hijas! Que esos hijos e hijas ... ¡jueran féltiles! Y crecieran ... ¡cómo gigantes! Y que tuvieran, hijos e hijas ... ¡féltiles entre sí!

Recuelda, que cuando los ejpañoles ... ¡llegaron a América! No trajeron ... ¡mujeres! Pero, al juntalse con las indias, procrearon ... ¡hijos e hijas! Y más aún, esos hijos e hijas ... ¡son féltiles! Tanto, que hemos poblao ... ¡las Américas! Y muchas otras paltes ... ¡del mundo!

Hajta donde yo he podío conocer, solo pueden procrear ... ¡hijos e hijas féltiles! Los seres que son ... ¡de la mijma ejpecie! Cualquier otro cruce ... ¡qué tenga hijos e hijas! Éjtos y éjtas serán ... ¡ejtériles! Eso dice ... ¡la ciencia! A menos, que la ciencia ... ¡ejté equivocá! Cosa ... ¡qué yo no creo! Entonces ... ¿cómo se puede ejplicar? Dejde un punto de vijta ... ¡científico! ¿El caso de los ángeles? Si ellos ... ¡al juntalse con las terrícolas! No se suponía, que tuvieran hijos e hijas ... ¡féltiles!

Hay quienes dicen, que esos gigantes ... ¡dejcendientes de ese cruce! Jue una de las razones ... ¡más impoltantes! Que provocaron

... ¡el Diluvio Univelsal! Eso dice la Biblia. Y si no me crees a mí ... ¡te invito a que la leas!

A mi entender, los terrícolas y los ángeles tienen ... ¡un ancejtro en común! En otras palabras, ellos y nosotros ... ¡somos de la mijma ejpecie! Aunque nacíos en puntos ... ¡inmensamente dijtantes! Los unos ... ¡de los otros! Siempre recuelda, que pah poder entender ... ¡ejtas cilcunjtancias! Y ejtos principios ... ¡o fundamentos! Por necesidá ... ¡te tienes que dejpojar! Del principio religioso, durante el tiempo ... ¡de análisis! Luego, lo retomas.

Oye, pah que lo sigas analizando, te voy a jacer ... ¡una pregunta! Además de ángeles hombres, no se colarían ... ¿algunas ángeles? Y que también se mejclaran ... ¿con los terrícolas? Y que Moisés se lo calló ... ¿Pah evitalse problemas? Pelsonalmente ... ¡yo creo que sí! ¿Por qué noooh? Pero tú ... ¡dale cajco!

Si deseas conocer, como se usaban los trucos ... ¡O las falsas veldades! Pah lograr llegar ... ¡Hajta dónde se deseaba! Y si aún no lo has leído. O si lo deseas ... ¡reintelpretar! Dejde un punto neutral, te presento ... ¡algunas citas bíblicas! Génesis 12-13; Génesis 27:5-39; Génesis 30:31-43; Génesis 37:31-36; Génesis 42: 6-39 y Génesis 45:1- 4

Ejtas referencias, son del Génesis. Aún faltan ... ¡muchííísimas otras! De ese libro. Además de las muchas otras, que se encuentran ... ¡en los demás libros! Del Viejo Tejtamento. Es tu tarea ... ¡ejcudriñar La Biblia! Y dejcubrir, por ti mijmo/a! Las grandes veldades, que nos ocultan.

Te recomiendo que leas ... ¡en olden cronológica! Dejde el primer velso, del primer capítulo ... ¡del libro de Génesis! Libro por libro ... ¡tooooh el Viejo Tejtamento! Y te podrás dar cuenta ... ¡de lo poquitito! Que realmente sabemos ... ¡o creemos saber! Del tema bíblico. Sea, polque no se nos ejtimula ... ¡a leejla! O no se nos enseña ... ¡cómo leejla corejtamente! Y nos pasamos brincando ... ¡de un velso de un libro! A un velso ... ¡de otro libro! Sin ninguna continuidá. Y seguimos ijnorando ... ¡y hajta dudando! Cuando alguien nos habla ... ¡de ejtos temas!

Ten presente, que no es ... ¡leer! O repetir ... ¡cómo una cotorra! Si noh ... ¡leer, ejcudriñar ... ¡y analizar lo leído! Dejde dijtintos puntos ... ¡de vijta! Pah poder llegar ... ¡a una sabia conclusión! Ya que por muchos años ... ¡nos han engañao! Con veldades ... ¡a medias! O ... ¡falsas veldades! Olganizás ... ¡al gujto del que predica! O ... ¡del que la ejpone! Dejde luego ... ¡de la folma! Que más chavos ... ¡le produjca! Polque ya, el predicar ... ¡no es! Ejponer la veldá. Si noh ... ¡ganar chavos! Con la Palabra ... ¡de Dios!

Primero, echa pal lao ... ¡a los que te han enseñao! A los sabijondos ... ¡Qué sin saber nah! Creen ... ¡sabejlo toh! O viven ... ¡llenos de mieo! O metiéndole mieo ... ¡a los demás! Y por ese mieo ... ¡es que dejconocemos! Las grandes veldades, que se ejconden ... ¡en La Biblia! Pero que nosotros ... ¡pelsonas pensantes! Debemos saber ... ¡y conocer! (Cuando hablo de sabijondos, no me refiero precisamente ... ¡a Trump! Por si acaso notas ... ¡algún parecío! Ja ja ja.

## Acto XVII: Los últimos alienígenas

Dejpués de haber leío ... ¡toh ejte tratao filosófico! Y haber conocío algunas ... ¡de las grandes veldades ocultas! Camuflajiás ... ¡con infinidá de mentiras! Y/o medias veldades! Por muchos, de los llamaos ... ¡predicadores! Ahora ... ¿te das cuenta? Polqué, yo considero ... ¡al pueblo hebreo o judío! Como los últimos alienígenas ... ¿Qué se asentaron en La Tierra?

Te voy a ejplicar: ¿De dónde salió Abraham? Sí síí, polque él jue ... ¡el patrialca! De los primeros hebreos. Pero... ¿sería él? Cien por ciento ... ¿terrícola? ¡Quién saaabe! Probablemente, Isaac jue obra ... ¡de un poder celejtial! Y no hijo cajnal ... ¡de Abraham! Como probablemente, también lo jueron: Matusalén, Ezequiel, Moisés, David, Salomón, Sansón, Samuel, Juan Bautijta, Jesús ... Y quizás ... ¡muchos otros! Como Enoc, Elías, Eliseo ... ¡Si acaso dudaras! Aun habiéndolo leído ... ¡en la propia Biblia! Pregúntate a ti mijmo/a: ¿No ejtuvieron los ángeles? Antes, y/o dejpués ... ¡de su nacimiento, presentes? Y le decían a la mamá ... ¿qué eran varones? Y hajta la fecha ... ¿de su nacimiento? Y si juera así ... ¡Casi tos ellos, eran híbridos! Ejto es ... Medio ETs ... ¡y medio terrícolas!

¿Nunca lo habías pensao? Una vez más, te repito. Lee la hijtoria, de cada uno ... ¡de esos pelsonajes bíblicos! En la mijma Biblia. En esas hijtorias ... ¡conocerás la veldá! No, polque ningún sabijondo ... ¡te la diga! Si noh, polque tú mijmo/a ... ¡lo puedes verificar! Y como aquel que dijo: "Conoce la veldá. Y la veldá ... ¡te libeltará"! Y te acelcará ... ¡muchísimo más a Dios! De lo que hoy ... ¡ya ejtás!

¿Por qué tú crees? Que los hebreos o judíos se creen ... ¡seres superiores! A los demás humanos ... ¿habitantes de la Tierra? Y por qué ellos, pretenden ser herederos .... ¡Y dueños! De todas las riquezas ... ¡Y aún! ¿Del mijmo planeta?

¿Por qué será? Que ellos, son los seres humanos ... ¡menos queriídos! ¿Del planeta Tierra? ¿Y por qué? ¡Tantas veces! En la hijtoria conocía ... ¡de la humanidá! El mundo ha tratao de tenejlos ... ¿bajo control? Ahora, no creas a ciegas ... ¡lo que oyes! Ni siquiera creas ... ¡lo que ejtás leyendo!

Bujca, ejtudia ... ¡y ejcudriña la Biblia! Y los libros de hijtoria, que hablan ... ¡sobre ejte tema! Y más aún, polque ejtá al alcance de tu mano ... ¡en el Intelnet! Ahí jallarás. Y tendrás ... ¡tus propias rejpuejtas! No polque yo ... ¡u otro te las diga! No noooh. Si noh, polque tú mijmo/a ... ¡las dejcubres! Por medio ... ¡de tus propios ejtudios! Y tus nuevos conocimientos ... ¡te la muejtran! Siempre recuelda, ejte dicho: – ¡Conoce la veldá! Y la veldá ... ¡te libeltará! – Dicho más sabio ... ¡qué éjte! En ningún otro libro ... ¡juera de La Biblia! Lo encontrarás. Y si piensas ... ¡qué ejte tratado! Te puede selvir ... ¡de guía! Durante tu ejtudio bíblico ... ¡úsalo! Pues te allanará y te guiará ... ¡en el camino!

Toooh lo aquí ejcrito, me da a entender ... ¡lo que ella dice! Y así ... ¡yo lo considero, acejto ... ¡y manifiejto! Sí sííí, polque hubo la intelvención ... ¡de los ángeles de Dios! Pah cada uno ... ¡de sus prominentes hombres! Por eso, siempre se han creído ... ¡seres superiores! A los demás ... ¡seres humanos! Por lo tanto, si por ejcribir ... ¡ejta teoría, yo peco! A Dios le pido ... ¡peldón! Y que me saque ... ¡de ejte aprieto!

**Fin**

**Moraleja:** Toh ejte ejcrito, tiene su origen y contenido, ejtraío direjtamente ... ¡de La Biblia! No te ejcandalices ... ¡por lo que acabas de leer! Antes ... ¡lee bien La Biblia! Párrafo por párrafo. Página por página. ¡Libro por libro! En olden cronológica. ¡Según jueron ejcritos! Sin mejclar ... ¡unos tejtos de un libro! Con los tejtos ... ¡de otros! Cosa, que jacen ... ¡los predicadores! Pah acomodar ... ¡sus pensamientos!

Ejta es la cojtumbre. Aunque un libro, no tenga nah que ver ... ¡con el otro! Y se pasan mejclando ... ¡chinas con limones! O intelcambiando ... ¡chinas por botellas! Pero, cuando se les jace ... ¡una pregunta! Un poquito complicá, te dicen: – ¡Tú tienes un demonio! Que el Señor ... ¡lo reprenda! – Como me dijo ... ¡el cieguito rejpingón! Que al encontralse peldío .... ¡Dejpués de tantos años! De ejtar predicando ... ¡No supo contejtar! Dos muy sencillas preguntas. Y enseguía se ejcondió, detrás del que él … ¡tanto condenaba! Sí sííí, detrás del fondillo … ¡del diablo! Como el chofer gallina, detrás de las nalgas … ¡de su abogao!

Aaah, ten presente … ¡qué éjta! Es mi teoría. Sin ninguna intención … ¡de ofender, criticar o menojpreciar … ¡a nadien! Al contrario … ¡reconocer y aplaudir el hecho! Que tanto los primeros … ¡cómo los últimos! Que llegamos a la Tierra … ¡dejcendemos de los ETs. O lo que es igual … ¡de otro planeta! Así, que por eso … ¡démojle gracias a Dios! Y a ellos. Que nos trajeron a nacer … ¡y a vivir aquí! En nuejtro lindo y querido … ¡Planeta Tierra! Amén.

Aaah, pah que le des cajco. Cuando Moisés, jue al Monte Horeb … ¡la salsa aldía! Pero no se quemaba. ¿Por qué sería? ¿No sabes por qué? Pues, polque el entró … ¡y pasó muchos días! Dentro de una nave ejpacial … ¡con aire acondicionao! Por eso … ¡brillaba y rejplandecía! Polque el sol, dentro de ella … ¡no lo quemaba!

Esa nave usaba un combujtible … ¡qué no quemaba! Como quema … ¡el producío por gasolina! Una, como la que dejcribe en su libro … ¡el profeta Ezequiel! O tal vez … ¡otra nave ejpacial! ¿Sabes tú? ¿Cuál es el nombre bíblico! ¿De esa nave? ¿Noh? Pues yo te lo diré, como la Biblia lo llama. "La Gloria de Jehová". Sí sííí, polque pah jacer un viaje … ¡de tantos y tantos millones de millas! Pah llegar a La tierra. Y regresar … ¡a su planeta! Tenía que ser … ¡grandiosa!

Mira si era grande, que su propio nombre … ¡la delata! "La Gloria de Dios" O … ¡"Gran Diosa"! Lee bien La Biblia. Y conocerás … ¡esa gran veldá! Pero, como tú debes saber … ¡Lo que no nos pelmite comprendeja! Son los dijparates … ¡qué nos enseñan! Aquellos, que debieran ejtar … ¡bien preparaos! Pah enseñalnos correjtamente … ¡La Grandeza de nuejtro Dios!

**Nota:** Si este libro te ha gustado. De seguro, en ocasiones has reído … ¡cuentos que te han dado risas. Otro, que te han causado malestar. Y quizás otros … ¡qué te han hecho llorar! Todos nosotros, tenemos recuerdos … ¡de nuestra vida! Pero los callamos. Y al morir … ¡sean gratos! O sean … ¡malos recuerdos! Todos mueren … ¡con nosostros!

¿Tú sabes por qué? Nosotros conocemos … ¿la historia de Marco Polo? De Galileo, de Gandhi, de Pedro el Grande … ¿Y de infinidad de otros? Y más aún … ¿de la vida de Jesucristo? Toda la historia la sabemos … ¡Porque a alguien! Se le ocurrió … ¡escribirla! De otro modo, su historia hubiera muerto … ¡con ellos!

¿Quieres tú, hacerte inmortal? ¡Escribe tu historia! Y muchos, muchos … ¡cientos o miles de años después! Alguien la leerá. Y te traerá de nuevo … ¡a la vida! Como le sucede a Mandela, quien vivió … ¡muchos años en prisión! Pero después que salió, ahora vive … ¡en nuestro corazón!

Si te es posible. Me gustaría conocer tu opinión, sobre el cuento … ¡qué más te gustó! El que más te sorprendió … ¡Y el que tú, eliminarías del libro! Puedes escribir a: franklinirizarrylugo@gmail.com

Muchas gracias.

Franklin Irizarry Lugo … Autor

www.ingramcontent.com/pod-product-compliance
Ingram Content Group UK Ltd.
Pitfield, Milton Keynes, MK11 3LW, UK
UKHW041950230426
12048UKWH00008B/257